JN041157

改訂新装版

D・カーネギー

人を動かす

山口博【訳】

HOW TO
WIN
FRIENDS
AND
INFLUENCE
PEOPLE

創元社

D・カーネギー

人を動かす

HOW TO WIN FRIENDS AND INFLUENCE PEOPLE
Copyright ©1936 by Dale Carnegie
Copyright renewed ©1964 by Donna Dale Carnegie and Dorothy Carnegie
Revised edition copyright ©1981, 2022 by Donna Dale Carnegie and Dorothy Carnegie
Japanese translation rights arranged with
Simon & Schuster, New York through Japan UNI Agency, Inc.

本書の日本語版翻訳権は、株式会社創元社がこれを保有する。
本書の一部あるいは全部について、
いかなる形においても出版社の許可なくこれを転載・使用することを禁止する。

目次

PART 3

PART 4

付

装幀　上野かおる

はじめに——改訂にあたって

デール・カーネギーの娘として、私は『人を動かす』の改訂版をお届けすることに心が躍る思いです。原作の言葉や内容に忠実でありながら、より新鮮なものにする機会を長い間、待ち望んできました。本書は一九三六年に出版されましたが、本に掲載された情報は古さを感じさせず、現代に通用することがおわかりになると思います。何世代にもわたって人々の心をつかみ、現在の読者にも影響を与え続けています。本のタイトルは誰もが知るものとなり、しばしば引用され、表現を変え、風刺されながら、政治漫画から小説まで、あらゆるものに登場しています。

今では意外に思うかもしれませんが、本書の発刊当時は、この圧倒的な反響を誰も予想していませんでした。とりわけ父自身がそうでした。一九八一年にはじめて原書の内容に手が加えられましたが、私の母のドロシー・カーネギーが当時、次のように述べています。

「本書がサイモン&シュスター社から最初に出版された時の部数は、わずか五千部でした。著者も出版社も、それ以上売れるとは思っていなかったのです。ところが、発売されると、とたんにセンセーションが巻き起こり、増刷に増刷を重ねて、またたく間に世界的なベストセラーになりました。人情の機微をうがった本書は、読む人の心を揺さぶって波紋を広げ、半世紀を超えた今も、全世界にわたって、読者の数が増え続けています」

私の母が四十年以上前に書いた言葉ですが、今でもこれは事実です。『人を動かす』はこれまでに三千万部以上売れていますが、この分野の模範となっただけにとどまりません。ある意味で、発明であったと言えます。この分野では最初の本でした。一九三六年当時は、今日のような「自己啓発書」を並べた書棚はありませんでした。「自己研鑽」とは、一般的にテーブルマナーを洗練させたり、美しい美術品や文学を鑑賞する目を養うことを意味しました。しかし、どのように友人をつくるかは学びませんでした。人は、人気者で成功者か、そうでないかのどちらかでした。

デール・カーネギーはそれを変えようとしました。彼は、人間関係は教えることができるとわかっていました。何年にもわたり彼は成人教育の講座を開催してきました。最も人気があったのがデール・カーネギー・コースでした。名目上は話し方の講座でしたが、それ以上のものを提供しました。彼は、人前で話せる能力が、自分の考えを効果的に他人に伝えるための自信を与えてくれ、熱望する自分に変わるための扉を開いてくれることを信じていました。父は、この仕事をとてもやり甲斐があり、満足のいくものであると感じていました。仕事は軌道に乗り、父は多忙をきわめました。このようなわけで、レオン・シムキンから依頼があるまでは、講座の資料をもとに父が本を書くことはありませんでした。

優秀で前途有望なサイモン＆シュスター社の編集者であったシムキンが、一九三四年に父の講習会の一つに参加して関心を持ち、すぐにデール・カーネギー・コースに申し込みました。彼は最初の数回の講座で見聞きしたことに大変感銘を受け、父に本を書くことをすすめました。

最初、父は自分の講座の時間を割いてまで、このような作業をすることに乗り気ではありませんでしたが、シムキンは粘り強く声かけを続けました。シムキンは「人づきあいの技術」には需要があると感じ、父に講座の記録をもとにして概要をまとめるよう説得しました。原稿執筆に取りかかると、父は将来性があると感じ、この作業に専念しました。

父はこう言っていました。「私は『人を動かす』を書いたわけではない。集めたのだ。講習会の参加者が、仕事や社会生活での成功のヒントを話してくれたが、それらを身につけるための講座の内容を、ただ紙の上にまとめただけだ」。当時、彼はこの本が自分の講座をはるかにしのぐ読者を集めることになろうとは夢にも思いませんでした。

一九三〇年代半ばになって、世界恐慌の影響は弱まりつつありました。ヨーロッパでは戦火が迫っていましたが、アメリカでは経済と生活を立て直すために、人々は将来に目を向けはじめていたのです。過去十年にわたる困窮を経て、慎重ながらも楽観的な空気が流れていました。そして、人々はよりよい未来を目指して、自分の可能性を追求したいと思っていました。このような時代だからこそ、『人を動かす』のような本が必要なのだと。

『人を動かす』が発売されると、人々の反響を呼び、最初の三か月で二十五万部が売れました。今日でもその反響は続いており、他人とつながりたい、成長したいという渇望は、人間の心理であることがわかります。

ここで、至極もっともな疑問が浮かびます。時代を超えた価値があると証明され、普遍的な魅力を持つ原書をなぜ改訂するのか。なぜすでに成功しているものに手を加えるのかという疑問です。

これに対して、一九八一年に私の母が明言しています。

「デール・カーネギーは、存命中、自分の著作に終始たゆまず改訂を加えていました。一九五五年に亡くなりましたが、もしも生きていたら、きっと自分の手で、時勢の移り変わりに沿った新しい事例を取り入れながら、改訂を続けていたに違いありません」

この改訂版では、原書の力強い信頼性を損なうことなく、次世代の読者に対して、常に時流に沿った作品にするという父の伝統を受け継ぎました。父は、アメリカ中西部の田舎出身らしい、とても明朗快活な語り口で読者に話しかけるように書きました。私たちはこの語り口を変えず、爽やかで大胆なデール・カーネギー・スタイルを守りました。一九三〇年代の俗語が使われていても、父の声は読者に勇気を与え、読者やその家族、同僚、地域社会との関わり方にしばしば大変革をもたらすのです。

私たちは『人を動かす』を変えてはいません。この改訂版は少しだけ手を加えたものです。私たちは原書を書き直したり、父の語り口の魅力を失いたくありませんでした。

現代の読者にはわかりづらい人物や出来事と、一九八一年の改訂版で追加されたものも含め、現代にそぐわないと感じられたものを削除しました。原典にできる限り忠実に戻すと同時に、未来のための最小限の修正を加えながら、新鮮な気持ちで一九三六年の初版から作業に取りかかりました。

『人を動かす』は時代を超えた本と言われますが、これはその影響力をかなり控え目に言った表現です。本書を読んだことのない人でも、その中で紹介している考え方を理解することができるはずです。人々が望み、必要とするものに焦点を合わせた父の原則は、またたく間に当時のビジネス・リーダーたちに受け入れられました。現代においても、それらの原則は企業の人事部門やリーダーシップ・プログラムで最先端の戦略として提供されています。専門家も一般の人たちも、自信を深め、マネジメント能力を磨き、社会生活を向上させる方法だと期待して、父の原則を借用したり、言い換えたりして利用してきました。

父は自分が書いた原則を発明したわけではありませんが、その伝え方において先駆者でした。「最善の自分であれ」と人に訴えかけて成功した現代の語り部の多くは、九十年近く前に本書が築いた土台の上に乗っかっています。そして、今日の多くの読者をつかんでいる人気の書籍も、『人を動かす』の内容から派生したものと言えます。本書の最も重要なテーマであり根幹をなすものは、物事を他人の立場に立って見ることです。

政治的な争いや社会的な混乱が絶えない現代においては、これまで以上に人間関係術を学ぶ必要があります。本書では、意見が合わない人たちとうまく会話する方法や、他人の話を聞こうとしない理由を解き明かしています。また、もはや希望などまったく持てないような、家族や友人たちとの不仲を修復する手助けをします。

父にとって、そのような挑戦は簡単ではありませんでした。父は、自分自身が、人々の想像するような人間関係の手本ではないことを最初から認めていました。父も他の人たちと同様に、これら人間関係の技術を実践することに苦労していました。父は自分自身の過ちを忘れないために、「私が犯した愚かな行為」と名づけたファイルを作成して反省していました。「今日、二人の女性を紹介されたが、そのうちの一人の名前をすぐに忘れてしまった」。自分を無視した店員に我慢ならない時は、「人間性の扱い方を人に教えて金をもらっている自分が、まるで原始人のように野蛮で無能だった」。そして「トム・Gに腹を立てて二十分も無駄にしてしまった。自己鍛錬の本を執筆中の身だというのに」などと。

私の両親が口喧嘩をしたあとに、母の友人が我が家を訪ねてきた時の面白い逸話があります。父はまだ怒っていて、足を踏み鳴らしながら家の中を歩き回っていました。お客さんがこの様子に触れると、母はうなずきながら父のほうを見て、「さあ、ご覧あれ、これがあの本を書いた人よ」と言いました。父がしばしば語っていたように、『人を動かす』は他人のためだけでなく自分のために書いたのでした。

この改訂版の作業は、私にとって心から打ち込める最高の仕事でした。父が一九五五年に亡くなった時に私はまだ四歳でしたが、父のことはよく覚えています。父は温かな人で、笑い上戸で、人を愛し、いつも私のために時間をつくってくれました。父はこの本から聞こえてくる語り口そのままの人でした。

この改訂版に取り組むに当たり、作家のアンドリュー・ポストマンからかけがえのない助力をいただけたのはとても幸運でした。『人を動かす』の一言一句を二人で何度も何度も精査し、分析しました。余計なものを省き、どんなに小さな変更であっても、その利点を慎重に議論しました。また、常にこの改訂版へのサポートをしてくれたサイモン＆シュスター社の編集者であるスチュアート・ロバーツ、そしてこの改訂版の作業を通じて、よき相談相手の役目を果たしてくれたデール・カーネギー・トレーニングのジョー・ハートとクリスティン・バスカリノに心より感謝を申し上げます。父は私たちの成果にとても満足してくれると信じています。読者の皆様が本書の英知から恩恵を受けるだけでなく、これからの人生の旅を楽しまれることを心より願っています。

ドナ・デール・カーネギー

本書の生い立ち

二十世紀の最初の三十五年間に、アメリカの出版社は二十万種類以上のさまざまな書籍を出版した。しかし、そのほとんどは恐ろしくつまらないもので、多くが商業的に失敗していた。「多くが」と言ったが、世界でも有数の大手出版社の社長は、出版した書籍の八冊のうち七冊が今でも赤字だと私に打ち明けてくれた。出版業界で七十五年の経験がある出版社にしてこの状況である。

それなのに、なぜ私があえて本書を執筆しようなどと思ったのか。なぜそれを、皆さんがわざわざ時間を割いて読む必要があるのだろうか。

どちらも、もっともな疑問である。ではお答えしよう。

私は一九一二年以来、ニューヨークで男女の会社員や専門職向けの教育講座を開催してきた。当初は話し方講座だけを教えていたが、この講座は、成人の受講者が自分の実体験をもとに、仕事の面談の場や複数の人たちの前で、自分の考えを明快かつ効果的に、堂々と話せるようにするのが目的であった。

時がたつにつれ、受講者は効果的な話し方だけではなく、毎日の仕事や人との関わりにおいて、人とうまくつきあうための技術も学ぶ必要があるとわかってきた。

それは私自身も身につけるべき技術だと次第にわかってきたのである。過去の自分を振り返ってみると、他人への配慮や理解に何と欠けていたことか。愕然とする思いであった。二十年前に本書のような本があったら、どれだけよかっただろう。そのような本があったら、得がたい価値のあるものになっていただろう。

人づきあいは、読者にとっておそらく最大の課題であろう。特に仕事上のことになるとなおさらだ。それは主婦、建築家、技術者にとっても同じである。数年前にカーネギー教育振興財団（鉄鋼王アンドリュー・カーネギーが設立）の支援で行なわれた調査で、最も重要で重大な事実が明らかになった。この事実は、のちのカーネギー工科大学による追加調査でも実証された。工学のような技術分野においてさえ、個人が高い収入を得る要因は、技術知識が約十五パーセントで、約八十五パーセントは本人の人格や指導力といった人間工学的な技術によるものであることが明らかになったのだ。

私は長年、フィラデルフィア技術者クラブやアメリカ電気学会のニューヨーク支部で講座を開催してきた。受講した技術者は千五百人以上にのぼる。彼らは、長年の観察と経験から、最も稼ぎのよい技術者が最も専門知識を持った者ではないことがしばしばあると、ようやく気づいたからであった。たとえば、工学、会計、建築に限らずさまざまな専門職は、技術的な能力だけであれば、それなりの給料で雇うことはできる。しかし、技術的な知識に加えて、自分の考えを表現でき、指導力を発揮し、人々の熱意をかき立てる能力を持つ人は、より高い収入を得ることができるのである。

ジョン・ロックフェラーは、その全盛期に「人づきあいの能力は砂糖やコーヒーと同じように金で買うことができる商品である。そして私は、この世の何よりもその能力に金を払う」と言っていた。

この世で最も高い価値を持つ能力を育成するための講座が、全国の大学ですでに開催されていると思われるだろうか。もし、どこかの大学が実践的で常識的な成人向けの講座を一つでも開催していたら、私は本書の執筆など考えなかったであろう。

シカゴ大学とYMCA学校連合が、成人の学習目的に関して約二年間にわたる調査を行なった。最終の調査はコネティカット州のメリデンで行なわれた。アメリカの典型的な町としてメリデンが選ばれたのである。メリデンのほぼすべての成人に対して聞き取り調査が行なわれ、百五十六の質問が用意された。「あなたの職業は何ですか」「あなたの学歴は何ですか」「余暇をどのように過ごしていますか」「収入はいくらですか」「趣味は何ですか」「あなたの願望を教えてください」「抱えている問題は何ですか」「最も興味があって学びたいことは何ですか」などである。調査の結果、成人が最も興味を持っているのは健康であり、その次が人間であることがわかった。どうすれば他人を理解し、人とうまくやっていけるのか、どうすれば人に好かれるのか、どうすれば自分の考え方を人に受け入れてもらえるのか、といったことに関心があることが明らかになったのである。

この調査の実行委員会は、メリデンで成人向け講座を開催することに決めた。そこで、講座に使える実践的な教科書を懸命に探してみたが、一冊も見つからなかった。最終的に、委員会は成人教育の世界的な権威に相談することにした。自分たちが必要とする内容で講座の教科書になる本があるかどうか尋ねてみたところ、「そのようなものはない。成人に何が必要かはわかっているが、そんな本はまだ書かれていない」という返答であった。

私は自分の経験から、この返答が事実であることを知っていた。というのも、私自身が人間関係に関する実践的で実用的な講座の教科書をずっと探し続けていたからである。

そのような本が存在しないので、自分の講座で使うために書こうとしたわけである。本書こそがその本である。読者のお役に立てば幸いである。

本書の執筆にあたり、私は新聞のコラム、雑誌記事、家庭裁判所の記録、昔の哲学者から現代の心理学者の著作まで、人間関係に関するあらゆる資料に目を通した。さらに、専門の調査員を雇い、一年半にわたって、私が目を通せなかったすべての資料をいろいろな図書館で調べさせた。あらゆる時代の偉大な指導者たちが、人とどうつきあってきたかを確かめるために、心理学の専門書を読み通し、数百編の論文を熟読し、膨大な量の伝記を調査した。ユリウス・カエサルからヴィクトリア女王、トーマス・エジソンに至るまで、あらゆる偉大な指導者たちの伝記を読破した。セオドア・ルーズヴェルトの伝記だけでも百冊以上は読んだのではなかろうか。時代を超えて人々が培ってきた、友人をつくり、人を動かす実践的な方法を発見するために、手間ひまを惜しまないと決意したのだ。

また、私自身も多くの成功者にインタビューを行なった。この中には世界的に有名な発明家のマルコーニやエジソン、政治家のフランクリン・ルーズヴェルトや郵政長官のジェイムズ・ファーリー、ＲＣＡ創始者のオーウェン・ヤング、映画俳優のクラーク・ゲイブル、ジョーン・クロフォード、メアリー・ピックフォード、オペラ歌手のヘレン・ジェプソン、教育者のヘレン・ケラー、探検家のマーティン・ジョンソンなどがいた。彼らから人間関係の極意を発見しようとしたのである。

こうして収集した膨大な資料を短い話にまとめた。それを「友人をつくり、人を動かす方法」と名づけた。私はあえて〝短い〟と言った。最初は本当に短い話だったが、間もなく一時間半の講義へと拡大していったのである。ニューヨークのカーネギー研究所（鉄鋼王アンドリュー・カーネギーが設立）で開催される成人向け講座で、長年にわたりこの講義を行なった。

私は受講者に、講義から学んだことを仕事や人づきあいの場で実験し、その経験や得られた結果を持ち帰って話すように促した。何と面白い宿題であったことか。自己研鑽を渇望していた受講者たちは、この新しい実験室の試みに興奮した。これは人間関係を探究する最初にして唯一無二の実験室であった。

本書はありきたりな言葉を並べて書かれたものではない。子供のように成長していったのだ。実験室から、何千人もの成人の経験から成長し、発展していったものなのである。

数年前に、人間関係の原則をハガキ大のカードに印刷することからはじめた。次はさらに大きなカードに印刷し、さらに一枚の紙にまとめ、何冊かの小冊子となり、大きさやページ数が増して内容の範囲も広がっていった。まさに十五年におよぶ実験と調査の結晶が本書なのである。

本書に収めた原則は単なる理論や根拠のない推論ではない。魔法のような効果がある。信じられないかもしれないが、これらの原則を活用した多くの人たちが、人生に革命を起こしているのを目の当たりにしてきたのである。

一つの例をお伝えしよう。三百十四人の従業員を抱える男性が、講座の一つに参加した。彼は長年にわたり絶え間なく従業員を押さえつけ、容赦なく非難と批判を繰り返してきた。親切な言葉、感謝の言葉、励ましの言葉などは、彼には無縁であった。しかし、本書の原則を学んだ後、彼は自身の人生観や指導者の資質を劇的に変えた。会社には今、新たな忠誠心や熱意、チーム・ワークの精神が吹き込まれている。三百十四人の敵が、三百十四人の友人へと変わったのである。彼は他の受講者の前で誇らしげにこう話してくれた。

「以前は、会社の中を歩き回っても、誰も私に挨拶する者はいませんでした。それどころか、従業員たちは私が近づいてくるのがわかると、そっぽを向いていました。しかし、今では彼ら全員が私の友人です。門番でさえ私を名字でなく名前で呼んでくれます」

彼は、より多くの利益と時間的な余裕を手に入れた。それにもまして重要なことは、職場でも家庭でもこれまでにない幸福を見つけたことであった。

数え切れないほど多くのセールスマンが、学んだ原則を使って売り上げを飛躍的に伸ばした。これまで何度も礼儀正しくお願いしても無駄な努力に終わっていた相手の多くが、新規の顧客になったのだ。会社の役員にはより多くの権限が与えられ、収入も増えた。ある会社役員は、これらの原則を適用したおかげで収入が大幅に増えたと報告してくれた。また、フィラデルフィア・ガス・ワークス社の役員は、六十五歳の時に降格人事を告げられた。彼の好戦的な態度と指導力の欠如がその理由であった。しかし、私の講座での学びは、彼を降格の危機から救っただけでなく、昇進とより多くの収入をもたらしたのだ。

最終回の講座のあとに開かれるパーティで、一緒に参加していた受講者の妻や夫から、「夫または妻がこの講座を受講して以来、以前と比べものにならないほど家庭が幸せになった」と聞かされたことは数え切れないほどある。

人は自分が達成した結果に驚くことが多い。まるで魔法にかかったように感じるのだ。熱意のあまり、次回の講座で自分の成果を発表するのが待ちきれず、日曜日に私の自宅に電話してくる人さえいた。

ある人は、これらの原則をめぐる体験談に強く心を動かされ、他の受講者と深夜まで議論していた。他の受講者たちは午前三時に帰宅したが、彼は眠ることができなかった。彼は自分のしてきた過ちに気づき、新しく豊かな人生が目の前に広がっていることに感動して、床につくことができなかったのである。その日の夜も、次の日も眠れなかった。

その人はいったいどんな人か。人の言うことを疑いもなく信じ、どんな目新しい原則も鵜呑みにするような未熟な人ではないのか、と思われるかもしれない。いや、決してそうではない。彼は洗練された落ち着きのある画商であり、二つのヨーロッパの大学を卒業し、三か国語を流暢に話す町の名士である。

本書のこの項を執筆している時、ドイツの貴族から手紙が届いた。ドイツの名家であるホーエンツォレルン家に先祖代々、陸軍将校として仕えてきた貴族である。大西洋横断汽船の中で書かれたこの手紙には、私の提案する原則を適用することについて、ほとんど宗教的な熱狂に近い調子で綴られていた。

また、ハーバード大学を卒業した年配の資産家で、ニューヨークの大手カーペット工場の経営者でもある人物は、人づきあいの技術について、大学の四年間で学んだことよりも、十四週間の私の講座から多くのことを学んだと言明してくれた。そんな馬鹿な、笑わせるな、突拍子もない話だと思われるだろうか。もちろん、どんな言葉で否定されてもかまわない。私は、この慎み深く大成した人物が、一九三三年二月二十三日の木曜日の晩に、ニューヨークのイェール・クラブで、約六百人の聴衆の前で述べた言葉を論評抜きにそのまま紹介しているだけだ。

「我々が本来持つ可能性に比べると、現実の我々は、まだ、ほんの半分しか目覚めていない。我々の持つ肉体的・精神的資質のごく一部分しか活用していないのだ。概して言えば、人は自分の限界よりもずっと狭い範囲で生きているにすぎず、いろいろな能力を持っているにもかかわらず、それを習慣的に使うことができずにいるのだ」と著名な心理学者であり大学教授のウィリアム・ジェイムズは述べている。

〝習慣的に使うことができない〟能力。読者がまだ目覚めずにいる自分の価値を発見し、発展させ、そこから利益を得るように手助けするのが、まさに本書の目的なのだ。

「教育とは人生のさまざまな状況に対応する能力である」。これはプリンストン大学の元学長、ジョン・ヒッベン博士の言葉である。

もしあなたが本書の最初の三章を読み終えたあとで、人生のさまざまな状況に対応する能力が少しも身についていないと思われたなら、あなたにとって本書はまったく役に立たない代物ということになろう。イギリスの社会学者であり哲学者のハーバート・スペンサーはこう言っている。

「教育の大きな目的は知識を得ることではなく行動することだ」

本書は行動するための本である。

一九三六年

デール・カーネギー

本書から最大の成果を得るための九か条

第一条 皆さんが本書から最大の成果を得たいと思われるなら、どんな規則や手法よりも重要な一つの絶対条件がある。この基本的な条件を身につけていない限り、どれだけたくさんの規則を学んだとしても、何も変化しないであろう。もしあなたがこの基本的な資質をすでに備えているならば、本書から最大の成果を得るための九か条など読まずとも、驚異的な結果を手にすることができるだろう。

ではその魔法のような条件とは何だろう。それは、「真剣に学ぼうとする向学心」であり「人づきあいの能力を向上させたいという強い決意」にほかならない。

どうすればこのような欲求が湧き出てくるだろうか。そのためには、これら人間関係の原則が、自分にとっていかに大切であるかを絶えず思い起こさなければならない。これらの原則を会得すれば、もっと豊かで、幸福で、満ち足りた人生を送れるか想像してみるとよい。何度も繰り返し自分自身にこう言って聞かせるのだ。「自分の人望、幸福、そして価値観さえも、人づきあいの能力に大きくかかっている」と。

第二条　まず最初に、本書の概要を知るために各章を速読してほしい。続けて読み急ぎたくなるだろうが、娯楽のために読むのでなければ、それは思いとどまっていただきたい。もし人間関係の技術を向上させるために読むのであれば、各章に戻って精読していただきたい。結局このほうが時間の節約になり、成果もさらに上がるであろう。

第三条　読みながらたびたび立ち止まって、読んだ内容についてよく考えてみてほしい。それぞれの提案をどのように、またどんな場合に活用できるのかを自問していただきたい。

第四条　鉛筆、ペン、蛍光ペンなどを手にしながら読むこと。役立ちそうな提案を目にしたら、その部分に線を引くとよい。星印をつけたり、線を引いたりすると、読む楽しさが増し、読み返しをする際にも便利である。

第五条　私の知人に、十五年にわたって大手保険会社の支店長を務めてきた女性がいた。彼女は毎月、自社で発行したすべての保険契約書に目を通した。そうして毎月毎月、十年一日のごとくたくさんの同じ契約書を読んできた。なぜだろうか。彼女の経験から、このやり方こそ契約条項をはっきりと頭に入れておく唯一の方法だったからだ。

私はかつて、ほぼ二年間をかけて話し方の本を執筆したことがあるが、本に書いたことを思い出すには、何度も読み返さねばならなかった。人が物を忘れる早さには驚くばかりだ。

皆さんが本書から正真正銘の永続的な利益を得たいならば、一度だけさっと拾い読みすれば充分などとは考えないでいただきたい。本書を精読し終わったあとでも、復習のために毎月数時間を割くべきであろう。机の上など毎日目にする場所に置いてほしい。何度も目を通すのである。将来にはまだ大きく改善できる可能性があることを、絶えず念頭に置いておいてほしい。覚えておいていただきたいのは、復習と応用を絶えず積極的に繰り返すことで、これらの原則を習慣のように使いこなせるようになるのである。これ以外に方法はない。

第六条　アイルランドの劇作家バーナード・ショーは、かつてこう言った。「もし人に何かを教えようとするなら、その人は決して学ぼうとしないだろう」。ショーの言葉は正しい。学ぶというのは行動的な手順である。私たちは行動することによって学ぶのだ。だから、皆さんが本書で学んだ原則を自分のものにしたいのであれば、何か行動を起こさなければならない。これらの原則をあらゆる機会に適用してみるべきだ。それを怠れば、原則のことなどすぐに忘れてしまうだろう。知識は活用されてはじめて心に残るのである。

本書に掲げた提案を常時実行するのは難しいかもしれない。本書を書いた私自身も、すべてを実行するのは難しいと思うことも少なくない。たとえば、不快な思いをした時に、相手の立場を理解しようとするよりも、批判や非難をするほうがよほど簡単である。相手をほめるよりも欠点を見つけるほうが簡単だろう。また、相手が何を望んでいるかよりも、自分が何を望んでいるかを話したいと思うのは当然であろう。本書を読む時には、単に情報を得ようとしているのではないと肝に銘じてほしい。新しい習慣を身につけようとしているのだ。そう、新しい生き方をしようとしているのだ。そのためには時間と根気と日々の実践が不可欠なのである。

だから、何度もこの本を開いてほしい。本書こそ、人間関係に役立つ必携書と考えてほしい。相手が子供でも、夫婦や恋人または上司でも自分の考えに引き入れたい時や、いら立っている客を満足させたい時など、何か具体的な問題に直面しても、自然にまかせた衝動的な行動はためらうべきだ。感情にまかせた行動はたいてい間違いである。その代わりに本書を開いて、あなたが線を引いた部分を見返すとよい。それから新しい方法を試み、あなたに劇的な成果をもたらすのを見守ろうではないか。

第七条　本書で説かれている原則のどれかにあなたが違反した場面を家族や同僚に見つかったら、一回ごとに彼らに少額の罰金を払うとよい。これらの原則を身につけるための楽しいゲームをしようではないか。

第八条　ウォール街にある銀行の頭取が、自己改善のために利用したきわめて効率的な方法を、私が講座をはじめる前の時間に話してくれたことがある。この人物は正式な学校教育をほとんど受けていなかったが、のちにアメリカで最も重要な金融家の一人になった。彼は、自分の成功のほとんどは、自分が考案した方法を常に活用したおかげであると打ち明けた。ここで、彼が実践した方法を、記憶している限り彼自身の言葉で説明してみよう。

「私は長年、毎日の予定を帳面に書き留めていました。家族は、土曜の晩の予定を立てる時には、私を勘定に入れませんでした。私が毎週土曜の晩を、反省や見直し、評価という自己改善に充てることを知っていたからです。夕食後、私はひとりきりになって帳面を開き、その週にあったすべての面談、討議、会合などについてじっくり考え、自問自答しました。

『あの時、私はどんな失敗をしたか』

『何が正しかったか、どうすれば改善できただろうか』

『その経験からどんな教訓を学ぶことができただろうか』と。

この毎週の反省のおかげで不快な思いをしたり、自分の失態にあきれることもしばしばでした。もちろん、時がたつにつれて失敗も少なくなっていきました。うまくいった時は、自分を少しだけほめたい気持ちにもなりました。その後、何年もこの自己分析と自己教育の方法を続けましたが、これほど自分の役に立ったものはありません。

判断力を高めるためにも、人づきあいにも大変役立ちました。心からこの方法をおすすめします」

皆さんも本書で取り上げている原則をどこまで実践したかをチェックするために、これと同様の方法を利用してみてはいかがであろう。そうすれば、二つの結果が得られるはずである。

第一に、興味深くかけがえのない自己教育となることに気づくであろう。

第二に、人づきあいの能力が飛躍的に向上することがわかるだろう。

第九条　本書の原則を実践した成功例を記録すれば役に立つかもしれない。具体的に書くほうがよい。人名、日時、結果も書くこと。このような記録をつけることは、さらに努力しようとする皆さんにとって大きな励ましとなるだろう。また、何年かあとにこの記録を偶然目にすれば、どれほど心奪われるであろう。

まとめ

a　人間関係の原則を身につけたいという強い向学心を持つ。
b　次の章に進む前に、各章を二度読む。
c　読みながらたびたび立ち止まって、どのように本書の提案を適用できるか自問する。
d　重要な考えに線を引く。
e　本書を毎月読み返す。
f　あらゆる機会に本書の原則を適用する。本書を、日々の問題を解決するための必携書と考えて活用する。
g　本書の原則に違反したことを誰かに見つけられたら、その人に少額の罰金を払う。ゲームのようにして楽しみながら学ぶ。
h　どれだけ進歩したかを毎週チェックする。どんな失敗をしたか、どんな改善があったか、将来のためにどんな教訓を学んだかを自問する。
i　本書の最後や空いたページなどに、これらの原則をいつどのように適用したかをメモしておく。

PART 1

人を動かす三原則

1 盗人にも五分の理を認める

一九三一年五月七日、ニューヨークでは、前代未聞の大捕物が行なわれた。凶悪な殺人犯で、ピストルの名手、ところが、酒も煙草ものまないという〝二丁拳銃のクローリー〟が、数週間にわたる捜索の結果、ついに追いつめられて、ウェスト・エンド大通りのガールフレンドが住むアパートに逃げ込んだのである。

犯人の潜伏しているそのアパートの最上階を、百五十人の警官隊が包囲し、屋根に穴をあけて催涙ガスを送り込み、クローリーをいぶし出しにかかった。周囲のビルの屋上には、機関銃がすえつけられた。こうして、ニューヨークの高級住宅街に、ピストルと機関銃の銃声が、一時間以上にわたって、とどろくことになったのである。クローリーは、分厚いソファーの陰から、警官めがけてさかんに発砲する。この乱戦を見物に集まった野次馬の数は、およそ一万人に及んだ。実に、ニューヨーク空前の大活劇であった。

クローリーが逮捕された時、警視総監E・P・マルルーニーが発表したところによると、この〝二丁拳銃のならず者〟は、ニューヨークの犯罪史にもまれに見る凶悪犯で、〝羽一枚ほどのきっかけ〟からでも簡単に人を殺したという。

ところでこの〝二丁拳銃のクローリー〟は、自分では自分のことをどう考えていたのだろうか。実は、これに対する答えを知る手がかりが残されている。というのは、あの乱戦の最中に、この男は〝関係者各位〟に宛てて手紙をしたためたのである。それを書くうちにも、血は容赦なく流れた。血に染まった手紙の一節に、次のような言葉が記されている。

「私の心。それは、疲れ果てた心ではあるが、優しい心である。誰ひとり人を傷つけようとは思わぬ心である」

この事件の起こる少し前、クローリーは、ロング・アイランドの田舎道に自動車を停めて、ガールフレンドを相手に、怪しげな行為にふけっていたことがある。出し抜けに、一人の警官が自動車に近づいて言葉をかけた。

「免許証を見せたまえ」

いきなりピストルを取り出したクローリーは、物も言わず相手に乱射を浴びせた。警官がその場にくずおれると、クローリーは、車から飛び降りて、相手のピストルをひったくり、それでさらにもう一発撃ってとどめをさした。この殺人鬼が〝誰ひとり人を傷つけようとは思わぬ心〟の持ち主だと、自ら称しているのである。

クローリーがシン・シン刑務所の電気椅子に座る時、

「こうなるのも自業自得だ。大勢の人を殺したのだから」

と言っただろうか。いや、そうは言わなかった。

「自分の身を守っただけのことで、こんな目にあわされるのだ」

これが、クローリーの最後の言葉であった。

この話の要点は、凶悪無類のクローリーでさえ、自分が悪いとは全然思っていなかったということだ。

こういう考え方をする犯罪者は、決して珍しくない。

「俺は働き盛りの大半を、世のため人のために尽くしてきた。ところが、どうだ。俺の得たものは、冷たい世間の非難と、お尋ね者の烙印《らくいん》だけだ」

と嘆いたのは、かつて全米を震え上がらせた暗黒街の王者アル・カポネである。カポネほどの極悪人でも、自分では、悪人だと思っていなかった。それどころか、自分は慈善家だと大真面目で考えていた。世間は、彼の善行を誤解しているのだというのである。

ニューヨークでも第一級の悪人ダッチ・シュルツにしてもそうだ。ギャング仲間の出入りで命を落とす前のことだが、ある新聞記者会見の席で、シュルツは、自分のことを社会の恩人だと称していた。実際、自分ではそう信じていたのである。

この問題について、私は、長年シン・シン刑務所長を務めてきたルイス・ローズから興味のある話を聞かされた。およそ受刑者で自分自身のことを悪人だと考えている者は、ほとんどいないそうだ。自分は一般の善良な市民と少しも変わらないと思っており、あくまでも自分の行為を正しいと信じている。なぜ金庫破りをしなければならなかったか、あるいは、ピストルの引き金を引かねばならなかったか、そのわけを実にうまく説明する。犯罪者は、たいてい、自分の悪事にもっともらしい理屈をつけて正当化し、刑務所に入れられているのは不当だと思い込んでいるものなのである。

右に挙げた極悪人たちでさえも、自分が正しいと思い込んでいるとすれば、彼らほどの悪人でない一般の人間は、自分のことを、いったいどう思っているのだろうか。

「三十年前に、私は人を叱りつけるのは愚の骨頂だと悟った。自分のことさえ、自分で思うようにはならない。天が万人に平等な知能を与えたまわなかったことにまで腹を立てたりする余裕はとてもない」

と言ったのは、アメリカの偉大な実業家ジョン・ワナメーカーである。

ワナメーカーは年若くしてこの悟りに達していたのだが、私は、残念ながら、四十歳近くになってやっと、人間はたとえ自分がどんなに間違っていても決して自分が悪いとは思いたがらないものだということが、わかりかけてきた。

他人のあら探しは、何の役にも立たない。相手は、すぐさま防御体勢を敷いて、何とか自分を正当化しようとするだろう。それに、自尊心を傷つけられた相手は、結局、反抗心を起こすことになり、まことに危険である。

世界的に有名な心理学者B・F・スキナーは、動物の訓練では、よいことをした時にほうびをやった場合と、間違った時に罰を与えた場合とをくらべると、前の場合のほうがはるかによく物事を覚え、訓練の効果が上がることを実証した。また、その後の研究から、同じことが人間にも当てはまることが明らかにされている。批判するだけでは永続的な効果は期待できず、むしろ相手の怒りを買うのがおちである。

もう一人、偉大な心理学者ハンス・セリエはこう言う。

「我々は他人からの賞賛を強く望んでいる。そして、それと同じ強さで他人からの非難を恐れる」

批判が呼び起こす怒りは、従業員や家族・友人の意欲をそぐだけで、批判の対象とした状態は少しも改善されない。

覚えておいてほしいのは、人が欲するのは蜂蜜であって、蜂に刺されることではない。オクラホマ州エニッドのジョージ・ジョンストンは、ある工場の安全管理責任者で、現場の作業員にヘルメット着用の規則を徹底させることにした。ヘルメットをかぶっていない作業員を見つけ次第、規則違反を厳しくとがめる。すると、相手は、不服げにヘルメットをかぶるが、目を離すと、すぐ脱いでしまう。そこでジョンストンは、別の方法を考えた。

「ヘルメットは、あまりかぶり心地のいいものではないのかい。サイズが合ってなかったりすると、余計そう感じるのかも。君のは、サイズ、合ってるかね」

まず、こう切り出したあと、多少かぶり心地が悪くても、それで大きな危険が防げるのだから、ヘルメットは必ずかぶろうと話すのである。これで、相手は怒ったり恨んだりすることもなく、規則はよく守られるようになった。

人を非難することの無益さは、歴史にも多くの例がある。セオドア・ルーズヴェルト大統領とその後継者ウィリアム・タフト大統領との有名な仲違いもその一つだ。この事件のために、二人の率いる共和党が分裂し、民主党のウッドロー・ウィルソンがホワイト・ハウスの主《あるじ》に収まったばかりか、第一次世界大戦にアメリカが加わることにもなって歴史の流れが変わってしまったのであるが、この事件を思い出してみよう。一九〇八年、ルーズヴェルトは大統領の地位を同じ共和党のタフトに譲り、自分はアフリカへ狩りに出かけた。ところが、しばらくして帰ってみると、ルーズヴェルトの怒りが爆発することになる。タフトの政策があまりに保守的だと非難したルーズヴェルトは、次期大統領の指名を確保するために、革新党《ブル・ムース》を組織した。その結果、共和党は壊滅の危機にさらされ、次の選挙では、タフトを大統領候補に立てた共和党は、わずかバーモントとユタの二州で支持されただけで、共和党としては前例のない完敗ぶりだった。

ルーズヴェルトはタフトを責めた。しかし責められたタフトは、果たして自分が悪いと思っただろうか。もちろん、そうは思わなかった。

「どう考えてみても、私としては、ああする以外に、方法はなかった」

と、タフトは、悔し涙を目に浮かべて、人に語った。

この二人のうちどちらが悪いか、ということになると、正直なところ私にはわからないし、また、わかる必要もない。私が言いたいのは、ルーズヴェルトがどんなにひどくタフトを責めても、タフトに自分が悪かったと思わせることができなかったということだ。結果は、ただ、何とか自分の立場を正当化しようと躍起にならせ、「どう考えてみても、ああする以外に、方法はなかった」と繰り返し言わせただけだ。

次に、もう一つの例、ティーポット・ドーム油田疑獄事件を取り上げてみよう。これは、一九二〇年代はじめに新聞を憤激の記事でにぎわせ続け、国を揺るがしたアメリカでもかつてない空前の大疑獄であった。アルバート・フォールというのがこの疑獄の中心人物で、ウォーレン・ハーディング大統領のもとで内務長官の要職を占めていた男である。この男が、当時政府所有のティーポット・ドームとエルク・ヒルズの油田貸与に関する実権を握っていた。もともと、この油田は、海軍用に確保しておくことになっていた。ところが、フォールは入札もせずに、いきなり友人のエドワード・ドヒニーと契約を結んでこれを貸与し、大儲けをさせてやった。それに対し、ドヒニーは〝貸付金〟と称して、十万ドルをフォールに融通した。すると、この内務長官は、海兵隊を動かして、その油田付近の他の業者を追い出しにかかった。エルク・ヒルズの石油埋蔵量が近隣の油田の影響を受けて減少することを恐れたのだ。ところが、収まらないのは、銃や剣で追い立てられた連中で、彼らは大挙して法廷に訴え出た。こうして汚職事件が白日のもとにさらされることになったのである。この事件は、あまりにも醜悪で、とうとうハーディング大統領の命取りとなり、全国民の憤激を買って、共和党を危機におとしいれ、アルバート・フォールに投獄の憂き目を見せる結果となった。

フォールは、現職の官吏としては前例がないほどの重罪に処せられた。それで、フォールは、罪を悔い改めただろうか。〝否〟である。それから何年かののち、ハーバート・フーヴァー大統領が、ある講演会で、ハーディング大統領の死を早めたのは、友人フォールに裏切られた精神的苦悩だったと述べたことがある。すると、たまたまこれを聞いていたフォール夫人が、やにわに椅子から飛び上がると、泣きながら拳を振りまわして金切り声を上げた。

「何ですって。ハーディングがフォールに裏切られたと。とんでもない。私の夫は人を裏切ったことは一度もありません。この家中いっぱいの黄金を積んでも、夫を悪事に引き入れることはできません。夫こそ裏切られたのです。裏切られて裁かれた受難者です」

フォール夫人は、夫が無実だと誤解していたのかもしれない。一つだけはっきりしているのは、彼女は最後まで夫を弁護しようとしていたことである。

こういった具合に、悪い人間ほど自分のことは棚に上げて、人のことを言いたがる。それが人間の天性なのだ。ところが、これは悪人だけの話ではない。我々もまた同じだ。だから、もし他人を非難したくなったら、アル・カポネやクローリーやフォールの話を思い出していただきたい。人を非難するのは、ちょうど天に向かってつばをするようなもので、必ず我が身に返ってくる。人の過ちを正したり、人をやっつけたりすると、結局、相手は逆にこちらを恨んで、タフトのように、「ああする以外に、方法はなかった」と言うくらいが関の山だ。

一八六五年四月十五日の朝のこと、フォード劇場でジョン・ブースの凶弾にたおれたエイブラハム・リンカーンは、劇場のすぐ向かいの、ある安宿のベッドに寝かされて死を待っていた。ベッドが小さすぎて、リンカーンの長身は、斜めに寝かされている。部屋の壁には、ローザ・ボヌールの有名な絵画「馬市」の安っぽい複製がかかっているだけ。薄暗いガス灯の炎が黄色く揺れていた。

この痛ましい光景を見守っていたエドウィン・スタントン陸軍長官は、「ここに横たわっている人ほど完全に人間の心を支配できた者は、世に二人とはいないだろう」とつぶやいた。

それほど巧みに人間の心をとらえたリンカーンの秘訣は何か。私は、リンカーンの生涯を十年間研究し、それから、丸三年かかって『知られざるリンカーン』という題の本を書き上げたのだが、リンカーンの人となりとその家庭生活についても、あますところなく研究し、その成果については、他人の追随を許さないと自負している。また、リンカーンの人の扱い方については特に念を入れて研究した。リンカーンは人を非難することに興味を持ったことがあるかというと、それが、おおありなのである。彼がまだ若くてインディアナ州のピジョン・クリーク・バレーという田舎町に住んでいた頃、人のあら探しをしただけでなく、相手をあざ笑った詩や手紙を書き、それをわざわざ人目につくように道ばたに落としておいたりした。

その後、イリノイ州スプリングフィールドに出て弁護士を開業してからも、彼は、反対者をやっつける手紙を、新聞紙上に公開したりなどしていたが、とうとうやりすぎて、最後に、とんでもない目にあわされることになった。

一八四二年の秋、リンカーンは、ジェイムズ・シールズという見栄坊で喧嘩早い政治家をやっつけた。スプリングフィールド・ジャーナル紙に匿名の風刺文を書き送ったのである。これが掲載されると、町中が大笑いした。感情家で自尊心の強いシールズは、もちろん怒った。投書の主が誰かわかると、早速馬に飛び乗り、リンカーンのところに駆けつけて決闘を申し込んだ。リンカーンは決闘には反対だったが、結局断り切れず、申し込みを受け入れることになり、武器の選択は、リンカーンにまかされた。リンカーンは腕が長かったので、騎兵用の広刃の剣を選び、陸軍士官学校出の友人に剣の使い方を教えてもらった。約束の日がくると、二人は、ミシシッピ川の砂州にあいまみえたが、いよいよ決闘がはじまろうとした時、双方の介添人が分け入り、この果たし合いは預かりとなった。

この事件では、さすがのリンカーンも肝を冷やした。おかげで、彼は、人の扱い方について、このうえない教訓を得たのである。二度と人を馬鹿にした手紙を書かず、人をあざけることをやめ、どんなことがあっても、人を非難するようなことは、ほとんどしなくなった。

それからずっとあとの南北戦争の時、ポトマック川地区の戦闘が思わしくないので、リンカーンは司令官を次々と取り替えねばならなかった。マクレラン、ポープ、バーンサイド、フッカー、ミードの五人の将軍を代えてみたが、揃いも揃ってへまばかりやる。リンカーンはすっかり悲観した。国民の半数はこの無能な将軍たちを痛烈に非難したが、リンカーンは〝悪意を捨てて愛をとれ〟と自分に言い聞かせて、心の平静を失わなかった。

「人を裁くな。人の裁きを受けるのが嫌なら」

というのが、彼の好んだ座右銘であった。

リンカーンは、妻や側近の者が、南部の人たちをののしると、こう答えた。

「あまり悪く言うのはよしなさい。我々だって、立場を変えれば、きっと南部の人たちのようになるのだから」

ところが、当然人を非難してよい人間がこの世にいたとすれば、リンカーンこそ、その人なのである。一つだけ、例を挙げてみよう。

一八六三年の七月一日から三日間にわたって、ゲティスバーグで南北両軍の激戦が繰り広げられた。四日の夜になると、ロバート・リー将軍指揮下の南軍が、おりからの豪雨に紛れて後退をはじめた。敗軍を率いて、リー将軍がポトマック川まで退却してくると、川は夜からの豪雨で氾濫している。とても渡れそうもないし、背後には、勢いづいた北軍が迫っている。南軍はまったく窮地におちいったのである。リンカーンは、南軍を壊滅させ、戦争を即刻終結させる好機に恵まれたことを喜び、期待に胸をふくらませて、ミード将軍に、作戦会議は抜きにして、時を移さず追撃せよと命令した。この命令は、まず電報でミードに伝えられ、ついで、特使が派遣されて、直ちに攻撃を開始するように要請された。

ところが、ミード将軍は、リンカーンの命令とまるで反対のことをしてしまった。作戦会議を開いて、いたずらに時を過ごし、いろいろと口実をもうけて、攻撃を拒否した。そのうちに、川が減水して、リー将軍は南軍を率いて向こう岸へ退却してしまった。

リンカーンは、怒った。

「いったい、これはどういうことだ」

彼は、息子のロバートをつかまえて叫んだ。

「くそっ、何ということだ。敵は袋のネズミだったじゃないか。こちらは、ちょっと手を伸ばすだけでよかったのに、私が何を言おうと、味方の軍隊は指一本動かそうとはしなかったのだ。あいう場合なら、どんな将軍でも、リーを打ち破ることができただろう。私でもやれたくらいだ」

ひどく落胆したリンカーンは、ミード将軍に宛てて一通の手紙を書いた。この頃のリンカーンは、言葉遣いがきわめて控え目になっていたということを、念のためにつけ加えておこう。だから、一八六三年に書かれたこの手紙によって、リンカーンがどれほど腹を立てて書いたか想像ができよう。

親愛なる将軍へ

私は、敵将リーの脱出によってもたらされる不幸な事態の重大性を、貴下が正しく認識されているとは思えません。敵はまさに我が掌中にあったのです。追撃さえすれば、このところ我が軍の収めた戦果とあいまって、戦争は終結に導かれたに相違ありません。しかるに、この好機を逸した現在では、戦争終結の見込みはまったく立たなくなってしまいました。貴下にとっては、去る月曜日にリーを攻撃するのが最も安全だったのです。それをしも、やれなかったとすれば、彼が対岸に渡ってしまった今となって、彼を攻撃することは、絶対に不可能でしょう。あの日の兵力の三分の二しか、今では使えないのです。今後、貴下の活躍に期待することは無理なように思われます。事実、私は期待していません。貴下は千載一遇の好機を逃したのです。そのために、私もまたはかり知れない苦しみを味わっています。

ミード将軍がこの手紙を読んで、どう思っただろうか。

実は、ミードは、この手紙を読まなかった。リンカーンが投函しなかったからだ。この手紙は、リンカーンの死後、彼の書類の間から発見されたのである。

これは私の推測にすぎないが、おそらくリンカーンは、この手紙を書き上げると、しばらくの間、窓から外を眺めていたことだろう。そしてこうつぶやいたに違いない。

「待てよ、これはあまり急がないほうがいいかもしれない。こうして静かなホワイト・ハウスの奥に座ったまま、ミード将軍に攻撃命令を下すことは、いともたやすいが、もしも私がゲティスバーグの戦線にいて、この一週間ミード将軍が見ただけの流血を目の当たりにしていたとしたら、そして戦傷者の悲鳴、断末魔のうめき声に耳をつんざかれていたとしたら、たぶん私も、攻撃を続行する気がしなくなったことだろう。もし私が、ミードのように生まれつき気が小さかったとしたら、おそらく私も、彼と同じことをやったに違いない。それに、もう万事手遅れだ。なるほど、この手紙を出せば、私の気持ちは収まるかもしれない。だがミードは、どうするだろうか。自分を正当化して、逆にこちらを恨むだろう。そして、私に対する反感から、今後は司令官としても役立たなくなり、結局は、軍を去らねばならなくなるだろう」

そこで、リンカーンは、この手紙をしまい込んだのに相違ない。リンカーンは過去の苦い経験から、手厳しい非難や詰問は、たいていの場合、何の役にも立たないことを知っていたのだ。

セオドア・ルーズヴェルトは大統領在任中、何か難局に出くわすと、いつも、居室の壁にかかっているリンカーンの肖像をあおぎ見て、

「リンカーンなら、この問題をどう処理するだろう」

と、考えてみる習わしだったと、自ら語っている。

我々も、他人をやっつけたくなった時には、ルーズヴェルト大統領の真似をして、

「リンカーンなら、こういう場合に、どうするだろう」

と、考えてみることにしようではないか。

マーク・トウェインは、時に腹を立てて、激越な手紙を書くことがあった。たとえば、こんな手紙がある。

「君には、死亡証明書が、ぜひとも必要だ。それをとるお手伝いなら、いつでも喜んで引き受け

ましょう」

また、ある時は、出版社の編集者に、次のような手紙を書き送った。

「私の原稿に手を入れて、綴りや句読点を変えるなど、大それた真似をする校正係に伝えていただきたい。以後、原稿どおり忠実に校正し、自分の考えは、自分の腐った脳みそに、しっかり練り込んで、悪臭がもれないように封をしておけと」

こういう辛辣《しんらつ》な手紙を書くことで、マーク・トウェインは、気が軽くなった。おかげで、怒りも収まり、しかも、手紙からは、何の実害も生じなかった。奥さんが、こっそりとその手紙を抜き取って、発送しなかったからである。

他人の欠点を直してやろうという気持ちは、確かに立派であり賞賛に価する。だが、どうしてまず自分の欠点を改めようとしないのだろう。他人を矯正するよりも、自分を直すほうがよほど得であり、危険も少ない。利己主義的な立場で考えれば、確かにそうなるはずだ。自分の家の玄関が汚れているのに、隣の家の屋根の雪に文句をつけるなと教えたのは、東洋の賢人孔子である。

私がまだ若かった頃の話だが、当時、私は、何とか人に存在を認めさせようとあせっていた。その頃アメリカの文壇で売り出していた作家リチャード・ハーディング・デイヴィスに、愚かしい手紙を出したことがある。ある雑誌に作家論を書くことになっていたので、彼の仕事のやり方を、直接問い合わせたわけだ。ちょうどその数週間前、ある人から手紙をもらったが、その末尾に次のような文句が記されていた。

「口述筆記、本人未読」

この文句がすっかり気に入った。手紙の主は、おそろしく偉い多忙な要人に違いないと思った。私は少しも多忙ではなかったが、何とかデイヴィスに強い印象を与えようとして、つい、その文句を、手紙の終わりに借用してしまった。

デイヴィスは、返事の代わりに、私の手紙を送り返してきた。送り返された手紙の余白には「無礼もいい加減にしたまえ」と書きつけてあった。確かに、私が悪かった。それくらいの仕返しをされてもやむをえない。しかし、私も生身の人間で、やはり憤慨した。とても悔しかった。それから十年後にデイヴィスの死を新聞で知った時、まず胸に浮かんだのは、恥ずかしながら、あの時の屈辱であった。

死ぬまで他人に恨まれたい方は、人を辛辣に批評してさえいればよろしい。その批評が当たっていればいるほど、効果はてきめんだ。

およそ人を扱う場合には、相手を論理の動物だと思ってはならない。相手は感情の動物であり、しかも偏見に満ち、自尊心と虚栄心によって行動するということをよく心得ておかねばならない。

英文学に光彩を添えたトーマス・ハーディーが小説を書かなくなったのは、心ない批評のせいであり、イギリスの詩人トーマス・チャタートンを自殺に追いやったのもまた批評であった。

若い時は人づきあいが下手で有名だったベンジャミン・フランクリンは、後年、外交的な技術を身につけ、人を扱うのがうまくなり、ついに、駐仏アメリカ大使に任命された。彼の成功の秘訣は「人の悪口は決して言わず、長所をほめること」だと、自ら言っている。

人を批評したり、非難したり、小言を言ったりすることは、どんな馬鹿者でもできる。そして、馬鹿者に限って、それをしたがるものだ。

理解と寛容は、優れた品性と克己心《こっきしん》を備えた人にしてはじめて持ち得る徳である。

イギリスの思想家トーマス・カーライルはこう言った。

「偉人は、小人物の扱い方によって、その偉大さを示す」

有名なテスト・パイロットで航空ショーの花形ボブ・フーヴァーは、ある時、サンディエゴの航空ショーを済ませ、ロサンゼルスの自宅へ向け飛んでいたが、その途中、三百フィート（約九十一メートル）の上空で、エンジンが突然、両方とも止まってしまった。巧みな操縦で何とか着陸し、幸いにも二人の乗客ともども負傷者は出なかったが、機体はひどく損傷した。

緊急着陸後、フーヴァーがまずやったことは、燃料の点検だった。案の定、この第二次世界大戦時代のプロペラ機に、ガソリンでなく、ジェット機用の燃料が積まれていたのである。

飛行場に戻ったフーヴァーは整備を担当した男を呼んだ。若い整備士は、自分のミスを悟って、自責の念に打ちひしがれていた。頬には涙がとめどなく流れている。高価な飛行機が台なしになったばかりか、危うく三人の命が失われようとしたのだから、ショックは当然だろう。

フーヴァーの怒りは、想像にあまりある。このような言語道断の過ちを犯した男に、誇り高きベテランのパイロットが痛罵《つうば》を与えたとしても不思議はない。ところが、フーヴァーは、叱らなかった。批判もしなかった。それどころか、整備士の肩に手をかけて、こう言った。

「君は、二度とこんなことを繰り返さない。私は確信している。確信している証拠に、明日、私のF51の整備を君に頼もう」

私の知る中で最も素晴らしい人物の一人に、救世軍の長に選ばれた最初の女性である、エヴァンジェリン・ブースがいる。エヴァンジェリンはニューヨーク移民の飢えと貧困に取り組み、飢えた人々にパンを配給し、学童に給食を与え、高齢者を支援する仕組みを確立した。ユーコンで金鉱が発見された時、そこで自分たちが必要とされるとわかっていたエヴァンジェリンは、救世軍を率いてスカグウェイに向かった。これは自分の生涯で最も苛酷な仕事の一つであったと、彼女はのちに語っている。

当時のスカグウェイは荒くれ者の無法地帯であった。事実、エヴァンジェリンが到着したその日に、五人が殺されるというありさまだった。誰もが銃を持ち歩き、行く先々で〝クロンダイクの殺し屋〟として悪名高いソーピー・スミスの噂話を耳にした。金鉱夫たちをまちぶせして命を奪うのが、このならず者のやり口であった。スミスとその一味は、金塊を盗むためにいきなり銃弾を浴びせた。誰もこの悪党を止めることができなかった。

エヴァンジェリンはスカグウェイに到着した晩に、ユーコン川のほとりで集会を開いた。しかし、屈強な鉱夫たちを説教する雰囲気ではなかった。そこでエヴァンジェリンは仲間と歌を歌うことにした。すると、まわりに人が集まりはじめ、その人の輪はだんだん大きくなっていった。

人はさらに増え続け、とうとう何千人もの群衆が慣れ親しんだ賛美歌を歌い、大合唱の渦となったのである。そんな最中に、誰かがエヴァンジェリンの肩に毛布をかけてくれた。外は骨身にしみるような寒気であったが、賛美歌の大合唱は深夜まで続いたのだった。

その後、疲れ果てたエヴァンジェリンたちは森の中でキャンプの準備にとりかかった。火をおこしていると、暗がりから武装した五人の男たちが現われた。近づいてくると、ボスとおぼしき男がこう言った。「俺はソーピー・スミスというものだが、あんたたちの歌は素晴らしかったな。本当に楽しかったぜ。あんたに毛布を届けさせたのは俺だよ。よければ使ってくれ」。凍てつく寒さと湿気から、大の男たちでさえも命を落とすようなこの場所で、まさに気高き贈り物であった。

スミスとの話は夜明けまで続いた。スミスは自分の幼い頃や母親のことを語った。祖母と救世軍の集会に参加したこと。手を叩いて賛美歌を歌うと心が奮い立ったこと。思い出は尽きることがなかった。

エヴァンジェリンはただ静かに耳を傾けた。この男は自分の話を聞いてくれることを心の底から切望しているとわかった。相手に銃をつきつけることなしに、自分の価値を理解し、尊敬してもらいたいのであった。敬虔で高潔なこの女性は、スミスの残虐な犯罪を非難しただろうか。他人に多大な苦しみを与え、自分の人生を無駄にしてきたと批判しただろうか。もし、そのような非難や批判をしていたら、スミスはどう反応しただろうか。エヴァンジェリンは非難も批判もしなかった。慈悲の心でスミスの話を聞き、それがスミスの心に響いたのであった。

彼女は、許すことも、誰もが自分を変える力を持っていることも、心から信じていた。スミスに向かって、まっすぐで正直な気持ちを伝えた。「あなたは人の命を奪っています。それは誤った行ないです。あなたに成功の日は訪れないでしょう」。そして静かに言った。「ひざまずきなさい」と。

二人はともに祈りを捧げた。スミスの頬には涙がとめどなく流れた。スミスはこれまでの無法を悔い改め、自首することを約束したのである。だが、その機会は訪れなかった。二日後にスミスは撃ち殺されてしまったからである。スカグウェイ中がこの凶悪犯の死に歓喜した。しかし、エヴァンジェリンは、よき人生を歩む機会を求めていたこの男に、ただ一人思いを馳せたのであった。

評価を抜きにして人の話に耳を傾けるならば、非道な殺人犯でさえ心を入れ替えようとする。それならば、我々も家族や同僚との日々のやりとりで、批判せず思いやりを持って接すれば、どれだけ効果があるだろうか。

親はしばしば子供たちに小言を言いたくなるものだ。あなたは、私がまた「小言はいけない」と言うのだろうと思っているに違いない。ところが、私は、そうは言わない。まず、アメリカ・ジャーナリズムの古典の一つといわれている「父は忘れる」という一文を読むようにすすめる。この文章は、最初ピープルズ・ホーム・ジャーナル誌の論説として発表されたが、のちにリーダーズ・ダイジェスト誌が要約して掲載した。

この「父は忘れる」は、ある瞬間の誠実な感情に動かされて書かれたものだ。読む者の心を深く動かす佳編として、今では不朽の文章となり、あまたの雑誌、新聞、学校の教材、講演会、放送番組など数え切れないほどの機会で引用されている。

父は忘れる

リヴィングストン・ラーネッド

息子よ、聞いておくれ。お前は小さな手に頬をのせ、汗ばんだ額に金髪の巻き毛をくっつけて、安らかに眠っているね。お父さんは、一人でこっそりお前の部屋にやってきた。今しがたまで、お父さんは書斎で新聞を読んでいたが、急に、息苦しい悔恨の念に迫られた。罪の意識にさいなまれてお前のそばへやってきたのだ。

お父さんは考えた。これまで私はお前にずいぶんつらく当たっていたのだ。お前が学校へ行く支度をしている最中に、タオルで顔をちょっとなでただけだと言って、叱った。靴を磨かないからと言って、叱りつけた。また、持ち物を床の上に放り投げたと言っては、どなりつけた。

今朝も食事中に小言を言った。食べ物をこぼすとか、丸呑みにするとか、テーブルにひじをつくとか、パンにバターをつけすぎるとか言って、叱りつけた。それから、お前は遊びに出かけるし、お父さんは駅へ行くので、一緒に家を出たが、別れる時、お前は振り返って手を振りながら、「お父さん、行ってらっしゃい」と言った。すると、お父さんは、顔をしかめて、「胸を張りなさい」と言った。

同じようなことがまた夕方に繰り返された。私が帰ってくると、お前は地面にひざをついて、ビー玉で遊んでいた。長靴下はひざのところが穴だらけになっていた。お父さんはお前を家へ追い返し、友達の前で恥をかかせた。「靴下は高いのだ。お前が自分で金を儲けて買うんだったら、もっと大切にするはずだ」。これが、お父さんの口から出た言葉だから、我ながら情けない。

それから夜になってお父さんが書斎で新聞を読んでいる時、お前は、悲しげな目つきをして、おずおずと部屋に入ってきたね。うるさそうに私が目を上げると、お前は、入口のところで、ためらった。「何の用だ」と私がどなると、お前は何も言わずに、さっと私のそばにかけよってきた。両の手を私の首に巻きつけて、私にキスした。お前の小さな両腕には、神様が植えつけてくださった愛情がこもっていた。どんなにないがしろにされても、決して枯れることのない愛情だ。やがて、お前は、ばたばたと足音を立てて、二階の部屋へ行ってしまった。

ところが、息子よ、そのすぐあとで、お父さんは突然何とも言えない不安に襲われ、手にしていた新聞を思わず取り落としたのだ。何という習慣に、お父さんは、取りつかれていたのだろう。叱ってばかりいる習慣に。まだほんの子供にすぎないお前に、お父さんは何ということをしてきたのだろう。決してお前を愛していないわけではない。お父さんは、まだ年端《としは》もいかないお前に、無理なことを期待しすぎていたのだ。お前を大人と同列に考えていたのだ。

お前の中には、善良な、立派な、真実なものがいっぱいある。お前の優しい心根は、ちょうど山の向こうから広がってくるあけぼのを見るようだ。お前がこのお父さんに飛びつき、お休みのキスをした時、そのことが、お父さんにははっきりわかった。他のことは問題ではない。お父さんは、お前にわびたくて、枕元でこうしてひざまずいているのだ。

お父さんとしては、これが、お前に対するせめてもの償いだ。昼間こういうことを話しても、お前にはわかるまい。だが、明日からは、きっと、よいお父さんになってみせる。お前と仲よしになって、一緒に喜んだり悲しんだりしよう。小言を言いたくなってもこらえよう。そして、お前がまだ子供だということを常に忘れないようにしよう。

お父さんはお前を一人前の人間と見なしていたようだ。こうして、あどけない寝顔を見ていると、やはりお前はまだ赤ちゃんだ。昨日も、お母さんに抱っこされて、肩にもたれかかっていたではないか。お父さんの注文が多すぎたのだ。

人を非難する代わりに、相手を理解するように努めようではないか。どういうわけで、相手がそんなことをしでかすに至ったか、よく考えてみようではないか。そのほうがよほど得策でもあり、また、面白くもある。そうすれば、同情、寛容、好意も、自ずと生まれ出てくる。

「すべてを知ることは、すべてを許すことである」

イギリスの偉大な文学者サミュエル・ジョンソンの言によると、

「神様でさえ、人を裁くには、その人の死後までお待ちになる」

まして、我々が、それまで待てないはずはない。

人を動かす原則❶

批判も非難もしない。苦情も言わない。

2 重要感を持たせる

人を動かす秘訣は、この世に、ただ一つしかない。この事実に気づいている人は、はなはだ少ないように思われる。しかし、人を動かす秘訣は、間違いなく、一つしかないのである。すなわち、自ら動きたくなる気持ちを起こさせること。これが、秘訣だ。

重ねて言うが、これ以外に秘訣はない。

もちろん、相手の胸にピストルをつきつけて、腕時計を差し出したくなる気持ちを起こさせることはできる。従業員に首を切るとおどして、協力させることもできる。少なくとも、監視の目を向けている間だけは。しかし、こういうお粗末な方法には、常に好ましくないはね返りがつきものだ。

人を動かすには、相手のほしがっているものを与えるのが、唯一の方法である。

人は、何をほしがっているか。

現代心理学の創始者であるジグムント・フロイトによると、人間のあらゆる行動は、二つの動機から発する。すなわち、性の衝動と、偉くなりたいという願望とである。

アメリカで最も偉大な哲学者であるジョン・デューイ教授も、同様のことを、少し言葉を換えて言い表わしている。つまり、人間の持つ最も根強い衝動は、〝重要人物たらんとする欲求〟だというのである。〝重要人物たらんとする欲求〟とは、実に意味深い文句だ。本書では、それについて詳しく考えてみたいと思う。

人間は、何をほしがるか。たとえほしいものはあまりないような人にも、あくまでも手に入れないと承知できないほどほしいものが、いくつかはあるはずだ。普通の人間なら、まず、次に挙げるようなものをほしがるだろう。

一、健康と長寿
二、食物
三、睡眠
四、金銭および金銭によって買えるもの
五、来世を信じること
六、性欲の満足
七、子孫の繁栄

八、自己の重要感

このような欲求は、たいていは満たすことができるものだが、一つだけ例外がある。この欲求は、食物や睡眠の欲求と同様になかなか根強く、しかも、めったに満たされることがないものなのだ。つまり、八番目の〝自己の重要感〟がそれで、フロイトの言う〝偉くなりたいという願望〟であり、デューイの〝重要人物たらんとする欲求〟である。

リンカーンは手紙の冒頭に「人間は誰しもお世辞を好む」と書いた。優れた心理学者ウィリアム・ジェイムズは、「人間の持つ性情のうちで最も強いものは、他人に認められることを渇望する気持ちである」と言う。これこそ人間の心を絶えず揺さぶっている焼けつくような渇きである。他人のこのような心の渇きを正しく満たしてやれる人はきわめてまれだが、それができる人にしてはじめて他人の心を自己の手中に収めることができるのである。葬儀屋といえども、そういう人が死ねば心から悲しむだろう。

自己の重要感に対する欲求は、人間を動物から区別している主たる人間の特性である。これについて面白い話がある。私がまだミズーリ州の田舎にいた子供の頃のことだが、父は、デューロック・ジャージー種の素晴らしい豚と、白頭の純血種の牛を飼っており、それを中西部各地の家畜品評会に出品して、一等賞を何度も獲得していた。父はそのおびただしい名誉のブルー・リボンを一枚の白いモスリンの布にピンでとめて並べ、来客があると、いつもその長いモスリンの布を持ち出した。布の一方の端を父が持ち、もう一方の端を私が持って、ブルー・リボンを客に披露するわけである。

豚は自分が得た賞にはまるで無関心だが、父のほうは大変な関心を示していた。つまり、この賞は、父に自己の重要感を与えたのである。

もし、我々の祖先が、この燃えるような自己の重要感に対する欲求を持っていなかったとすれば、人類の文明も生まれてはいなかったことだろう。

無教育で貧乏な一食料品店員を発奮させ、前に彼が五十セントで買い求めた数冊の法律書を、荷物の底から取り出して勉強させたのは、自己の重要感に対する欲求だった。この店員の名は、ご存じのリンカーンである。

イギリスの小説家チャールズ・ディケンズに偉大な小説を書かせたのも、アメリア・イアハートに大西洋単独横断飛行を成功させたのも、イギリスの名建築家サー・クリストファー・レンに不朽の傑作を残させたのも、また、自己の重要感に対する欲求である。マリ・キュリーに先駆的できわめて危険な命に関わる放射能の研究をさせたのも、ジョン・ロックフェラーに生涯かかっても使い切れない巨万の富をなさしめたのも、すべて自己の重要感に対する欲求である。金持ちが必要以上に大きな邸宅を建てるのも、やはり、同じ欲求のためである。

最新流行のスタイルを身につけたり、自家用の新車を乗りまわしたり、我が子の自慢話をしたりするのも、皆この欲求あるがためにほかならない。

数多くの少年たちが悪の道に引き込まれるのもこの欲求からで、ニューヨークの警視総監だったマルルーニーは、こう言っている。

「近頃の青少年犯罪者は、まるで自我の塊のようなものだ。逮捕後、彼らの最初の要求は、自分を英雄扱いにして書き立ててある新聞を見せてくれということだ。自分の写真が、スポーツの名選手、映画やテレビのスター、有名な政治家などの写真と一緒に載っているのを眺めていると、電気椅子に座らされる心配などは、はるか彼方へ遠ざかってしまう」

自己の重要感を満足させる方法は、人それぞれに違っており、その方法を聞けば、その人物がどういう人間であるかがわかる。自己の重要感を満足させる方法によって、その人間の性格が決まるのである。これは、大変意味のあることで、たとえば、ジョン・ロックフェラーにとって自己の重要感を満たす方法は、見ず知らずの中国の貧民のために、北京に近代的な病院を建てる資金を寄付することであった。ところが、ジョン・ディリンジャーという男は、同じく自己の重要感を満足させるために、泥棒、銀行破り、ついには殺人犯になってしまった。ＦＢＩ捜査官に追われ、ミネソタの農家にかけ込んだ時、彼は、

「俺はディリンジャーだ」

と言った。自分が凶悪犯人であることを誇示したのである。

ディリンジャーとロックフェラーとの重要な違いは、自己の重要感を満たすためにとった方法の差である。

有名人が自己の重要感を満たすために苦労した興味ある例は、史上いたるところに見受けられる。ジョージ・ワシントンでさえ、〝合衆国大統領閣下〟と呼んでもらいたがった。コロンブスも〝海軍大提督、インド総督〟という称号がほしかったのである。ロシア皇帝のエカチェリーナ二世は、自分宛ての手紙で上書きに〝陛下〟と書いていないものは見向きもしなかったし、また、リンカーン夫人は、ホワイト・ハウスでグラント将軍夫人に向かって、

「まあ、何てあなたは図々しいんでしょう。私がおかけなさいとも言わないうちに、腰をおろしてしまうなんて」

と、恐ろしい剣幕で叫んだ。

一九二八年のバード少将の南極探検に、アメリカの億万長者たちは資金の援助をしたが、それには、南極の山脈に援助者たちの名を冠するという条件がついていた。また、フランスの大作家ヴィクトル・ユーゴーは、パリを、自分にちなんだ名に変更させるという大変な望みを抱いていた。シェイクスピアでさえ、自分の名に箔《はく》をつけるために、金を積んで家紋を手に入れたのである。

他人の同情と注意をひいて自己の重要感を満足させるために、病気をする人も、時にはある。たとえば、マッキンリー大統領夫人である。彼女は、自己の重要感を満たすため、夫であるマッキンリー大統領に重大な国事をおろそかにさせ、寝室にはべらせて、自分が寝入るまで何時間も愛撫《あいぶ》を続けさせたのである。また、夫人は、歯の治療を受けている間ずっと夫をそばから離さず、

それによって、人の注意を引きつけたいという自己の欲求を満足させていたが、ある時、大統領は他に約束があって、どうしても夫人を歯科医のもとに残したまま、出かけねばならないことになった。大騒動が持ち上がったことはもちろんである。

ある医学の権威によると、現実の世界では自己の重要感を満たせないので、狂気の世界でその満足を得ようとして、実際に精神に異常を来す人もあるということだ。

自己の重要感を渇望するあまりに、狂気の世界にまで入って、それを満たそうという者も、世の中にはいるのだ。だとすると、我々が正気の世界でこの望みを満たしてやることにすれば、どんな奇跡でも起こすことができるはずではないか。

週給五十ドルが、かなりの高給とされていた時代に、年俸百万ドル以上の給料を取った数少ない実業家の一人に、チャールズ・シュワブがいる。シュワブは、一九二一年にUSスチール社が設立された時、実業家のアンドリュー・カーネギーが社長に迎えた人物である。シュワブはまだ三十八歳の若さだった。

アンドリュー・カーネギーが、このシュワブという男に、どういうわけで、百万ドル、すなわち一日に三千ドル以上もの給料を支払ったか。シュワブが天才だからだろうか。違う。製鉄の最高権威だからだろうか。とんでもない。シュワブに言わせると、彼の使っている大勢の部下のほうが、鉄のことなら、彼よりもはるかによく知っているそうだ。

シュワブがこれだけの給料をもらう主な理由は、彼が人を扱う名人だからだと自分で言っている。どう扱うのかと尋ねてみると、次のような秘訣を教えてくれた。これは、まさに金言である。銅板に刻んで、各家庭、学校、商店、事務所などの壁にかけておくとよい。子供たちもラテン語の動詞活用や、ブラジルの年間雨量などを覚えるよりも、この言葉を暗記すべきだ。この言葉を活用すれば、我々の人生は、大きく変貌するだろう。

「私には、人の熱意を呼び起こす能力がある。これが、私にとっては何物にも代えがたい宝だと思う。他人の長所を伸ばすには、ほめることと、励ますことが何よりの方法だ。上司から叱られることほど、向上心を害するものはない。私は決して人を非難しない。人を働かせるには激励が必要だと信じている。だから、人をほめることは大好きだが、けなすことは大嫌いだ。気に入ったことがあれば、心から賛成し、惜しみなく賛辞を与える」

これが、シュワブのやり方である。ところが、一般の人はどうか。まるで反対だ。気に入らなければめちゃくちゃにやっつけるが、気に入れば何も言わない。古い格言にも、「一度の悪行は永遠に語られる。二度の善行はまったく語られない」とある。

「私は、これまでに、世界各国の大勢の立派な人々とつきあってきたが、どんなに地位の高い人でも、小言を言われて働く時よりも、ほめられて働く時のほうが、仕事に熱がこもり、出来具合もよくなる。その例外には、まだ一度も出会ったことがない」

と、シュワブは断言する。

実は、これが、アンドリュー・カーネギーの大成功の鍵なのだと、シュワブは言っている。カーネギー自身も、他人を、公私いずれの場合にも、ほめたたえたのである。カーネギーは、他人のことを、自分の墓石にまで刻んで賞賛しようとした。彼が自ら書いた墓碑銘は、こうである。

「おのれよりも賢明なる人物を身辺に集むる法を心得し者ここに眠る」

真心を込めて感謝するのが、ジョン・ロックフェラーの人扱いの秘訣であった。次のような話がある。エドワード・ベッドフォードという彼の共同出資者がいたが、ある時、この男は南米で馬鹿げた買いつけの失敗をやり、会社に百万ドルの損害を与えた。他の人間なら、おそらく、小言を言っただろう。ところが、ロックフェラーは、ベッドフォードが最善を尽くしたことを知っていた。それに、事件は終わってしまっている。そこで、彼は、代わりに相手をほめる材料を見つけた。つまり、ベッドフォードが、投資額の六十パーセントまで回収できたことをほめたたえたのである。

「素晴らしい。あれだけ回収できたのは大手柄だ」

数年前に、家出した妻たちの調査が行なわれた時、何が家出の主な理由と判明したか。それは、妻に対する〝感謝の気持ちの欠如〟であった。もし家出した夫に対して同様の調査が行なわれても、結果はまったく変わらないであろう。私たちは、妻や夫に対して感謝の気持ちを伝えないことに慣れてしまっているのだ。

私の講習会に参加した人が、彼の妻からあることを頼まれた時の話をしてくれた。彼の妻は、教会の友人たちと一緒に自己改善のための勉強会に参加していた。そこで、自分がよき妻になるための六項目を書き出してくるようにという宿題が出た。妻は彼に、一緒に考えてほしいと頼んだのである。彼は講習会でこう報告した。

「妻の頼みには驚きました。正直に言えば、彼女に変わってほしい六項目を書き出すことは簡単なことでした。逆に、彼女が私に変わってほしいことは山のように書き出せると考えると、愕然としました。だから私は、その場ですぐに返事をしませんでした。私は妻に、考えてみるから明日の朝まで待ってほしいと言いました。

翌朝、早起きをして花屋に電話をし、六本の赤いバラにカードをつけて妻に届けるよう頼みました。カードには〝君に変わってほしい六つのことなんて思いつかないよ。今のままの君を愛しているよ〟と書きました。

その晩、家に帰ると、玄関で出迎えてくれたのは誰だと思いますか。そうです。私の妻です。目には涙をためていました。彼女に頼まれるがまま、批判するようなことを書き出さなくて本当によかったと心から思いました。

次の日曜日に、妻が教会で宿題の結果を発表しました。発表のあと、妻と一緒に勉強していた何人かの婦人たちが私の家に来てこう言いました。『あんなに思いやりに満ちた素晴らしい話を、今まで聞いたことがありませんわ』と。感謝することの持つ力をまさに実感した瞬間でした」

感謝の力によって、誰もが二百万ドルの事業を立ち上げることができると言ったら、皆さんは信じるだろうか。アリス・マクドゥーガルがまさにこれをやってのけたのである。彼女には職業訓練を受けたことも仕事の経験もなく、ほぼ無一文からの出発であった。夫が亡くなると、三人の幼い子供たちの生活が彼女の肩にのしかかってきた。家族を支える方法を見つけなければならなかったのだ。彼女自身の言葉を借りて紹介しよう。

「夫が亡くなった時の落ち込みようはひどいものでした。死にたいとも思いました。実際、ある晩に川へ身を投げようと思ったこともありました。子供がいなければきっとそうしていたでしょう。しかし、私は子供たちのために生計を立てねばなりませんでした。私は職につくための訓練を受けたことがなかったので、自分で仕事をはじめる以外に活路を見出せないことはわかっていました。

私の夫は生前、コーヒーの仕事をしていました。家でもたびたび美味しいコーヒーをいれてくれたものです。お客さまにこのコーヒーを試してもらえれば、需要があると思っていました。そこで、なけなしの三十八ドルをはたき、コーヒーが保管できる小さな事務所を借りました。一度に半ポンド（約二百グラム）が挽ける小さなコーヒーミルも購入しました。五十ポンドのコーヒーの注文を受けると、百回もこのコーヒーミルを使わなければなりませんでした」

マクドゥーガルは電話帳から名前を写し、一日に百通もの手紙を送るという行動に出た。彼女のコーヒーを試してもらうよう勧誘したわけだ。最初のうちはほとんど注文が入らなかった。しかし、彼女はこう話した。

「私は子供の頃から感謝の手紙を書くよう教えられました。そこで、これを商売にも応用してみたわけです。いただいた注文が自分にとってどんなに意味のあるものかを説明し、お客さまの好みに合ったコーヒーをぜひともお届けしたいと手紙にしたためました。すると、ある噂話を耳にして愕然としました。コーヒー業界の人たちは、私が六か月以内に失敗するだろうと口を揃えて言っていたからです」

ところが、その二年後に、マクドゥーガルのコーヒー事業は大成功を収めた。それだけでなく、のちにレストラン経営にも進出したのだ。この成功の秘訣は何だったのであろう。

「私はグランド・セントラル駅の中に小さな喫茶店を開きました。数か月の間、店の売り上げは悲惨なものでした。ある雨の日、店の前の廊下が、雨でずぶ濡れになった人たちでいっぱいになりました。こんなに多くの人が、ずぶ濡れのみじめな姿で固まっているのを見たことがありませんでした。

私にも雨に濡れて凍えた経験があったので、彼らの気持ちが痛いほどわかりました。彼らに素直な感謝の気持ちを伝えようと、何かをしてあげたい衝動に駆られました。気づくとワッフル焼き器を家から持ってきてもらい、ワッフルとコーヒーを無料で提供していました。それから毎日ワッフルを無料で提供しはじめました。その後、あまりに人気が出てしまい、お金をいただくようになりました。

この無料のワッフルのおかげで、事業が五か月で成功したのだと思います。半ブロック先までお客の列ができたほどです。五年後には六つのレストランを経営し、五十万ドルの事業へと成長しました」

マクドゥーガルに感謝することの価値を説く必要はなさそうである。

この教訓はフローレンツ・ジーグフェルドにも不要であろう。二十世紀のはじめ、ジーグフェルドといえば、ブロードウェイを沸かせた大興行師だが、どんな女の子でも美しく仕立て上げる巧妙な手腕のおかげで、名声を得た。彼の素晴らしい作品に出演させるために、特に美しいわけでもなく、誰も振り向かないような、ごく普通の小娘を次から次へと見つけてきた。小娘たちがひとたび舞台に立つと、神秘的で魅力的な艶姿《あですがた》に変身し、観客の目は釘付けになった。さまざまな人たちが毎晩上演される「ジーグフェルド・フォーリーズ」を観ようと劇場に押し寄せた。バーバラ・スタンウィック、ベティ・デイヴィス、ジョーン・ブロンデルなど多くの〝ジーグフェルド・ガールズ〟がのちに銀幕を飾ることになるのである。ジーグフェルドは〝どこにでもいるような〟小娘を華やかな大スターへと変身させたのだ。

彼のやり方はこうだ。賞賛し、自信を持たせることの価値を知っていた彼は、あらゆる機会をとらえて、彼女たちに特別な存在であると思わせた。彼は、大胆さと思いやりをもって、毎晩舞台から観客を魅了する美女たちへと変貌させたのである。

彼は実際に、コーラス・ガールの給料を週に三十五ドルから百七十五ドルにまで引き上げた。

彼はまた彼女たちに対する紳士的な作法も心得ていた。フォーリーズでの初日の晩には、出演者全員に祝電を打ち、コーラス・ガール全員に「アメリカン・ビューティー」という名のバラの花束を、ふんだんに送り届けたのである。

ある時、私は、物好きな気持ちから断食を試みたくなり、六昼夜何も食べずに過ごしたことがある。さほど難しいことでもなかった。六日目の終わりよりも、二日目の夜のほうが、つらかった。ところで、仮に家族や従業員に、六日間も食べ物を与えないでおいたとすると、我々は一種の罪悪感を覚えるだろう。それでいて、食べ物と同じくらいに誰もが渇望している心のこもった賛辞となると、六日間はおろか六週間も、時には六年間も与えないまま放ったらかしておくのだ。

『ウィーンの再会』という有名な劇で主役を演じた名優アルフレッド・ラントも、「私に最も必要な栄養物は、自己評価を高めてくれる言葉だ」と言っている。

我々は、子供や友人や従業員の肉体には栄養を与えるが、彼らの自己評価には、めったに栄養を与えない。栄養価の高い食べ物を与えて体力をつけてやるが、優しいほめ言葉を与えることは忘れている。優しいほめ言葉は、夜明けの星の奏でる音楽のように、いつまでも記憶に残り、心の糧になるものなのだ。

「何だ、たわいもない。お世辞、ごきげんとりだ。そんな手は、とっくに実験済みだ。知性のある人間には、まるで効き目はないさ」

読者のうちには、ここまで読んで、こう思っている方もあるだろう。

もちろん、お世辞は、分別のある人には、まず通用しないものだ。お世辞というものは、浅薄で、利己的で、誠意のかけらもない。それが通用しなくて当たり前だし、また、事実、通用しない。もっとも、飢えた人間が草でも虫でも手当たり次第に食べるように、何もかも鵜呑みにしてしまう賛辞に飢えた人々も世の中にいることは事実だ。

イギリスのヴィクトリア女王でさえ、お世辞を喜ぶ傾向があった。時の宰相ベンジャミン・ディズレーリも、女王に対しては、お世辞をふんだんに言ったと、自ら言っている。彼の言葉を借りれば、〝こてで塗るように〟お世辞を言った。彼は大英帝国歴代の宰相のうちでも、まれに見る洗練された社交の達人である。ディズレーリが用いて有効な方法も、我々が用いれば、必ずしも有効とは限らない。結局のところ、お世辞というものは、利益よりはむしろ害をもたらすものだ。お世辞は、偽物である。偽金と同様に、通用させようとすると、いずれは厄介な目にあわされる。

お世辞と感嘆の言葉とは、どう違うか。答えは、簡単である。後者は真実であり、前者は真実でない。後者は心から出るが、前者は口から出る。後者は没我的で、前者は利己的である。後者は誰からも喜ばれ、前者は誰からも嫌われる。

私は最近メキシコ・シティーのチャパルテペク宮殿を訪ねたが、そこにアルバロ・オブレゴン将軍（のちのメキシコ大統領）の胸像があった。胸像の下に、次のような将軍の信条が刻まれていた。

「敵は恐るるに足らず。甘言《かんげん》をろうする友を恐れよ」

甘言をろうするとは、とんでもない。私は、甘言をろうすることをすすめたりしているのではない。私がすすめているのは、〝新しい生活法〟なのだ。繰り返して言うが、私は〝新しい生活法〟をすすめているのだ。

イギリス国王ジョージ五世は、バッキンガム宮殿内の書斎に、六条の金言を掲げていた。その一つに、「安価な賞賛は、これを与えることなく、また、受くることなきを期せよ」とあった。お世辞は、まさに「安価な賞賛」である。また、お世辞の定義について、次のように述べた本を読んだこともある。

「相手の自己評価にぴったり合うことを言ってやること」

これは、心得ておいてよい言葉だ。

もしもお世辞を使いさえすれば万事うまくいくというのであれば、誰でも皆お世辞を使うようになり、世の中は、人を動かす名人ばかりになるだろう。

人間は、何か問題があってそれに心を奪われている時以外は、たいてい、自分のことばかり考えて暮らしている。そこで、しばらく自分のことを考えるのをやめ、他人の長所を考えてみることにしてはどうだろう。他人の長所がわかれば、見えすいた安っぽいお世辞などは使わなくても済むようになるはずだ。

他人の真価を認めようと努めるのは、日常生活では非常に大切な心がけであるが、ついおろそかになりがちである。子供が学校からよい成績をもらって帰ってきても、ほめてやることを怠り、はじめて小鳥の巣箱がつくれたり、ケーキがうまく焼けたりしても、励ましの言葉をかけてやることもなかなかしない。子供にとって、親が示してくれる関心や、賞賛の言葉ほどうれしいものはないのである。

今後は、外食の際に出された料理が気に入ったら、早速それをつくったシェフに賛辞を伝えてもらい、丁重な態度で接してくれた売り子には、その応対に感謝の意を伝えるようにしていただきたい。

大勢を相手に話す牧師や講演者は、自分の話に対してまったく反応が返ってこないような時には、耐えがたい失望を味わわされる。これは、このような人たちに限らず、会社や商店や工場で働く人たち、そして我々の家族や友人についても同じで、人間は例外なく他人から評価を受けたいと強く望んでいるのだ。この事実を、決して忘れてはならない。

深い思いやりから出る感謝の言葉を振りまきながら日々を過ごす。これが、友をつくり、人を動かす秘訣である。

人の気持ちを傷つけることで人間を変えることは絶対にできず、まったく無益である。これについて古い名言があり、私はそれを切り抜いて、毎日見る鏡に貼ってある。

「この道は一度しか通らない道。だから、役に立つこと、人のためになることは今すぐやろう。先へ延ばしたり忘れたりしないように。この道は二度と通らない道だから」

偉大な哲学者のラルフ・ワルド・エマーソンは、また、こうも言っている。

「どんな人間でも、何かの点で、私よりも優れている。私の学ぶべきものを持っているという点で」

エマーソンにしてこの言葉あり、ましてや我々はなおさらである。自分の長所、欲求を忘れて、他人の長所を考えようではないか。そうすれば、お世辞などはまったく無用になる。嘘でない心からの賞賛を与えよう。シュワブのように、〝心から賛成し、惜しみなく賛辞を与え〟よう。相手は、それを、心の奥深くしまい込んで、終生忘れないだろう。与えた本人が忘れても、受けた相手は、いつまでも忘れないで慈しむだろう。

人を動かす原則❷

率直で、誠実な評価を与える。

3 人の立場に身を置く

夏になると、私はメイン州へ魚釣りにいく。ところで、私はイチゴ・クリームが大好物だが、魚は、どういうわけかミミズが好物だ。だから魚釣りをする場合、自分の好物のことは考えず、魚の好物のことを考える。イチゴ・クリームを餌に使わず、ミミズを針につけて魚の前に差し出し、「一つ、いかが」とやる。人を釣る場合にも、この常識を利用してよいわけだ。

イギリスの首相ロイド・ジョージは、これを利用した。第一次世界大戦中、彼とともに活躍した連合国の指導者、アメリカ大統領ウッドロー・ウィルソン、イタリア首相ヴィットーリオ・オルランド、フランス大統領ジョルジュ・クレマンソーらが、とっくに世間から忘れられているのに、彼一人が相変わらずその地位を保持していた。その秘訣を問われて、彼は、「釣り針には魚の好物をつけるに限る」と答えた。

自分の好物を問題にする必要がどこにあるだろう。そんなことを問題にするのは、子供じみた、馬鹿馬鹿しい話だ。もちろん、我々は、自分の好きなものに興味を持つ。生涯持ち続けるだろう。しかし、自分以外には、誰も、そんなものに興味を持ってはくれない。誰も彼も、我々と同様に、自分のことでいっぱいなのだ。

だから、人を動かす唯一の方法は、その人の好むものを問題にし、それを手に入れる方法を教えてやることだ。これを忘れては、人を動かすことはおぼつかない。たとえば、自分の息子に煙草を吸わせたくないと思えば、説教はいけない。自分の希望を述べることもいけない。その代わりに、煙草を吸う者は野球の選手になりたくてもなれず、百メートル競走に勝ちたくても勝てないということを説明してやるのだ。

この方法を心得ていると、子供でも、子牛でも、またチンパンジーでも、意のままに動かすことができる。こういう話がある。ラルフ・ワルド・エマーソンとその息子が、子牛を小屋に入れようとしていた。ところがエマーソン親子は、世間一般にありふれた誤りを犯した。自分たちの希望しか考えなかったのである。息子が子牛を引っ張り、エマーソンが後ろから押した。子牛もまたエマーソン親子とまったく同じことをやった。すなわち、自分の希望しか考えなかった。四肢を踏んばって動こうとしない。見かねた農家育ちのお手伝いが、加勢にやってきた。彼女は、論文や書物は書けないが、少なくともこの場合は、エマーソンよりも常識をわきまえていた。つまり、子牛が何をほしがっているかを考えたのだ。彼女は、自分の指を子牛の口に含ませ、それを吸わせながら、優しく子牛を小屋へ導き入れたのである。

人間の行為は、何かをほしがることから生まれる。赤十字社に多額の寄付をする行為は、どうか。これも、決してこの法則から外れているわけではない。人を救いたいと欲したからだ。神のように美しい没我的な行為をしたいと思ったからだ。「小さき兄弟に尽くすは、すなわち主に尽くすことなり」

美しい行為から生まれる喜びよりも金のほうがよいと思う人は、寄付などはしないだろう。もちろん、断るのは気がひけるとか、日頃ひいきになっている人に頼まれたとかの理由から寄付をする場合もあろう。しかし、寄付をした以上、何かを欲したことだけは確かである。

アメリカの心理学者ハリー・オーヴァストリート教授の名著『人間の行為を支配する力』に次のような言葉がある。

「人間の行動は、心の中の欲求から生まれる。だから、人を動かす最善の法は、まず、相手の心の中に強い欲求を起こさせることである。商売においても、家庭、学校においても、あるいは政治においても、人を動かそうとする者は、このことをよく覚えておく必要がある。これをやれる人は、万人の支持を得ることに成功し、やれない人は、一人の支持者を得ることにも失敗する」

鉄鋼王アンドリュー・カーネギーも、もとはスコットランド生まれの貧乏人にすぎなかった。はじめは一時間二セントの給料しかもらえなかったが、ついには各方面への寄付金が三億六千五百万ドルに達するまでになった。彼は、若い頃すでに、人を動かすには、相手の望む事柄を考えて話すより他に方法はないと悟っていた。学校へは四年間しか行かなかったが、人を扱う法は知っていたのである。

こういう話がある。カーネギーの義妹は、イェール大学に行っている息子二人のことで、病気になるほど心配していた。二人とも自分のことだけ考えて、家には手紙を一通もよこさないのである。彼らの母がいくら躍起になって手紙を出しても、返事がこない。

カーネギーは、甥たちに手紙を書いて、返事をくれと書かずに、返事を出させることができるかどうか、百ドルの賭けをしようと言い出した。賭けに応じる者がいたので、彼は甥たちに手紙を出した。とりとめもないことを書いた手紙である。ただ追伸に、二人に五ドルずつ送ると書き添えた。しかし、その金は同封しなかった。甥たちからは、すぐ感謝の返事が来た。

「アンドリュー叔父さま、お手紙ありがとう」。あとの文句は、ご想像にまかせる。

人を説得する例をもう一つ。

オハイオ州クリーブランドのスタン・ノヴァクが、私の講習会で報告したところによると、ある日の夕方、帰宅してみると末の息子ティムが居間の床の上にひっくり返って泣きわめいていた。ティムは、その翌日から幼稚園に入るのだが、行くのが嫌だと駄々をこねているのだ。いつものスタンだったらティムを子供部屋に閉じ込めて、「幼稚園に行くんだ。聞きわけなさい」とどなりつけたことだろう。それで、ティムは否応なく幼稚園に行かされることになるわけだ。ところが、そういうやり方では、ティムを入園させることはできても、幼稚園を好きにならせることは難しいだろう。そこで、スタンは、まず椅子に腰をおろしてこう考えた。

「もし私がティムだったら、幼稚園に入る一番の楽しみは何だろう」

スタンは奥さんと二人で、幼稚園でやる面白いこと、たとえばフィンガー・ペインティング（指に絵具をつけて絵を描く技法）、歌を歌うこと、新しい友達ができることなど、いろいろ考えてリストをつくった。そこで、作戦開始だ。

「まず妻と私、それに長男のボブも動員して楽しそうに台所のテーブルの上でフィンガー・ペインティングをはじめたのです。やがてティムが台所をこっそりのぞき込む。そのうちに自分も入れてくれと言い出す。『ティムは駄目。幼稚園でフィンガー・ペインティングのやり方を教わってからじゃないと駄目だよ』。そのあと、私は興奮を抑え切れないといった調子で、先ほどのリストの項目を挙げ、幼稚園の楽しさをわかりやすく話してやったのです。そして翌朝、自分が一番早起きしたらしいと思いながら二階の寝室から居間におりてみると、ティムが椅子で眠っているではありませんか。『こんなところで何してるの』と尋ねると、『幼稚園に遅れるといけないから、ここで待ってるの』と言います。どうやら家族全員が夢中になって楽しんだおかげで、お説教やおどしなどではとうてい望めない〝幼稚園へ行きたい〟という気持ちを起こさせることができたようです」

人を説得して何かやらせようと思えば、口を開く前に、まず自分に尋ねてみることだ。「どうすれば、そうしたくなる気持ちを相手に起こさせることができるか」と。

これをやれば、自分勝手な無駄口を相手に聞かせずに済むはずだ。

私は、ある講習会を開くために、ニューヨークのあるホテルの大広間を、毎シーズン二十日間、夜だけ借りている。あるシーズンのはじめ、使用料を従来の三倍近くの額に引き上げるという通知を直前になって受け取った。その時には、すでに聴講券は印刷済みで、前売りされていた。

私にしてみれば当然そういう値上げを承知する気にはなれない。しかし、私の気持ちをホテルに伝えてみたところで、何にもならない。ホテル側は、ただホテルのことだけしか考えていないのだ。そこで、二日ほどしてから、支配人に会いに出かけた。

「あの通知をいただいた時は、ちょっと驚きました。しかし、あなたを責めるつもりはありません。私も、あなたの立場にいたら、たぶんあれと同じ手紙を書いたことでしょう。ホテルの支配人としては、できる限り収益を上げるのが務めです。それができないような支配人なら当然首でしょう。ところで、今度の値上げですが、値上げがホテルにどのような利益と不利益をもたらすか、それぞれ書きわけて表をつくってみようではありませんか」

そう言って、私は一枚の紙を手にとり、その中央に線を引いて、〝利益〟と〝不利益〟との欄をつくった。私は、〝利益〟の欄に〝大広間が空く〟と書き込んで言葉を続けた。

「空いた大広間を、ダンスパーティーや集会用に自由に貸すことができるという利益が生まれます。これは、確かに大きな利益です。講習会用に貸すよりも、よほど高い使用料が取れるでしょう。二十日間も大広間を夜ふさがれてしまうことは、ホテルにとっては、大きな損失に違いありません。

さて、今度は不利益について考えてみましょう。まず第一に、私から入るはずの収益が増えないで、逆に減ることになります。減るどころか、一銭も入りません。私は、あなたのおっしゃるとおりの使用料を払うことができませんので、講習会は、どこか他の場所でやらざるをえなくなりますから。

それに、もう一つ、ホテルにとって不利益なことがあります。この講習会には、知識人や文化人が大勢集まってきますが、これはホテルにとって素晴らしい宣伝になるのではありませんか。事実、新聞広告に五千ドル使ったところで、この講習会に集まるだけの人数が、ホテルを見にくるとは思えません。これは、ホテルにとって大変有利ではないでしょうか」

以上二つの〝不利益〟を、該当の欄に書き込んで、支配人に渡した。

「ここに書いた利益と不利益をよくお考えの上で、最終的なお答えを聞かせてください」

翌日、私は使用料を三倍でなく五割増しにするという通知を受け取った。

この問題について、私は自分の要求を一言も口にしなかったことにご注意願いたい。終始、相手の要求について語り、どうすればその要求が満たせるかを話したのである。

仮に、私が人間の自然な感情に従い、支配人の部屋にかけ込んで、こうどなったとする。「今さら三倍に値上げとはけしからん。聴講券は出来上がっているし、発表もしてしまったことを、君も知っているはずだ。なのに三倍とは、馬鹿馬鹿しい。誰が払うものか」

そうすると、どういうことになっただろう。口角泡を飛ばして議論がはじまり、その結果は、言わずと知れている。たとえ、私が相手を説き伏せて、その非を悟らせたとしても、相手は引き下がるまい。自尊心がそれを許さないだろう。

自動車王ヘンリー・フォードが人間関係の機微に触れた至言を残している。

「成功に秘訣というものがあるとすれば、それは、他人の立場を理解し、自分の立場と同時に、他人の立場からも物事を見ることのできる能力である」

実に味わうべき言葉ではないか。まことに簡単で、わかりやすい道理だが、それでいて、たいていの人は、たいていの場合、見逃している。

その例は、いくらでもある。毎朝配達されてくる手紙がそれだ。たいていの手紙はこの常識の大原則を無視している。一例として、全国に支社を持つある広告会社の放送部長から各地方放送局長宛てに送られた手紙を取り上げてみよう（［　］内は私の批評である）。

拝啓　弊社はラジオの広告代理店として常に第一流たらんと念願しています。

［君の会社の念願など、誰が知るものか。こちらは頭の痛くなるような問題を山ほど抱えている。自宅は抵当流れになりそうだし、大事な植木は虫にやられて枯れかかっている。株は暴落。今朝は通勤列車に乗り遅れるし、昨夜はどうしたわけかジョンズ家の舞踏会に招待されなかった。医者には高血圧だの神経炎だのと言われる。そのうえ、どうだろう、いらいらしながら事務所に着くと、この手紙だ。ニューヨークあたりの若造に手前勝手な世迷い言を聞かされてたまるもんか。

この手紙が相手にどんな印象を与えるかわからないようなら、広告業なんかやめて、羊の洗剤でもつくったらどうだ」

我が国の放送事業発足以来、弊社の業績はまことに顕著で、常に業界の首位を占めてきています。

「なるほど、君の会社は大規模で、業界第一だと言うんだな。で、それが、どうした。たとえ君の会社が、ゼネラル・モーターズとゼネラル・エレクトリックの二大会社を合わせたより何倍も大きいとしても、そんなことはどうでもよい。こちらは、君の会社の大きさよりも自分の会社の大きさのほうが気になっている。せめてハチドリの半分ほどの神経でも持ち合わせていたら、それくらいのことはわかりそうなものだ。君の会社の自慢を聞かされていると、こちらがけなされているような気がする」

弊社は常に各放送局の最近の状況に通じていることを念願しています。

「また、君の念願か。馬鹿野郎。君の念願などにかまっておれるか。こちらの念願は、どうしてくれるのだ。それには一言も触れようとはしないではないか」

つきましては、貴局の週間報告をいただきたく、広告代理店にとって必要と思われる事項は、細大漏らさずお知らせください。

［図々しいにもほどがある。自分の会社について偉そうなことを言いながら、お願いしますの一言もなく高飛車に報告をしろとは何事だ］

貴局の最近の状況につき、至急お返事願えれば、互いに好都合と存じます。　敬具

［馬鹿。こんなお粗末なコピーの手紙をよこして、至急返事をくれとはあきれたものだ。たぶん、こいつを秋の落ち葉のように全国へばらまいているのだろう。〝至急〟とは何だ。こちらも、君と同様に忙しい。ところで、君はいったい何の権利があって、偉そうに命令をするのだ。〝互いに好都合〟とは、手紙の最後になって、やっとこちらの立場に気がつきはじめたようだが、こちらにどう好都合なのか、これでは、やはりわからない］

追伸　ブランクヴィル・ジャーナル紙の写しを一部同封いたします。貴局の放送にご利用願えれば幸甚に存じます。

［追伸で、やっと〝互いに好都合〟だという意味がわかった。なぜ、はじめにそれを書かないのだ。もっとも、はじめに書いたとしても、たいした変わりはなかろう。だいたい、こういう馬鹿げた手紙を平気でよこすような広告業者は、頭がどうかしているのだ。君に必要なのは、こちらの状況報告ではなくて、馬鹿につける薬だ］

広告業を本職とし、人に物を買う気を起こさせる専門家であるはずの人間でさえも、こんな手紙を書くのだから、他の職業の人々の書く手紙は、推して知るべしである。

ここにもう一通の手紙がある。運送会社の輸送係長から、私の講習会の受講者エドワード・ヴァーミランに宛てたものだ。

拝啓　当方の現状について申し上げますと、取り扱い貨物の大部分が、夕方近く一時に殺到しますため、とかく発送業務に支障を来しがちでございます。結果は、当方人員の時間外労働、積み込みおよび輸送の遅延となります。去る十一月十日貴社から五百十個に及ぶ大量の貨物が届きましたが、その時はすでに午後四時二十分でございました。

当方といたしましては、このような事態によって生じる不都合を避けるため、あえて貴社のご協力をお願いする次第でございます。前記のごとき大量の貨物は、到着時刻を早めていただくか、または午前中にその一部が届くようご尽力ください。

右のごとくご配慮いただければ、貴社のトラックの待ち時間も短縮され、貨物も即日発送されることとなります。

敬具

この手紙に対するヴァーミランの感想は次のとおりである。

この手紙は、その意図とは逆の効果を生じる。冒頭から自分の都合を書いているが、だいたい、こちらはそんなことには興味がない。次に協力を求めているが、それから生じるこちらの不便はまるで無視している。ようやく最後の段落で、協力すればこちらにとってもこれこれの利益があるという。肝心のことがあとまわしになっているので、協力どころか敵愾心《てきがいしん》を起こさせる。

一つこの手紙を書き直してみよう。自分の都合ばかりに気をとられず、自動車王ヘンリー・フォードの言うように、「他人の立場を理解し、自分の立場と同時に、他人の立場からも物事を見よう」ではないか。

次のようにすれば、最善ではないまでも、前のよりはましだろう。

拝啓　弊社は、十四年来貴社のご愛顧を賜わり、深く感謝いたしますとともに、いっそう迅速かつ能率的なサービスをもってご愛顧に報いたいと心がけております。しかしながら、去る十一月十日のごとく、午後遅く一度に大量の貨物をお届けいただきますと、残念ながら、ご期待に沿いかねる場合がございます。と申しますのは、他の荷主からも、午後遅くには、貨物が届きます。当然、混乱が生じ、貴社のトラックにもお待ち願わねばならず、時には積み出しの遅れる場合があります。

これではまことに遺憾《いかん》に堪えません。このような事態を避けるには、お差し支えなき限り、午前中に貨物をお届けくださることも一方法かと考えます。そうすれば貴社のトラックにお待ちいただく必要もなく、貨物は即時積み出しが可能になり、また、当社の従業員も定時に家庭に帰り、貴社製の美味なマカロニや他の麺食品の夕食に舌鼓を打つこととなりましょう。

申し上げるまでもなく、貴社の貨物ならば、たとえいつ到着いたしましても、できる限り迅速に処理いたすよう、全力を尽くしますゆえ、その点、なにとぞご安心ください。

ご多忙と存じますので、お返事のご配慮無用に願います。

敬具

バーバラ・アンダーソンは、ニューヨークのある銀行に勤めていたが、息子の健康のためにアリゾナ州のフェニックスへ移りたいと考え、次のような手紙をフェニックスにある十二の銀行宛てに送った。

拝啓　銀行員としての私の十年の経験は、目覚ましい発展を続けておられる貴行のご関心を誘うものと信じ、この手紙を差し上げる次第でございます。

私は現在、ニューヨークのバンカーズ・トラスト社の支店長を務めております。今日まで、当社における銀行業務につき各種分野の経験を積み、預金、信用貸付、ローン、経営管理など、あらゆる面に通暁《つうぎょう》するに至りました。

五月にはフェニックスに引っ越す予定でございますが、その節には、ぜひとも貴行のご発展に微力を尽くしたい所存でございます。つきましては、四月三日からの週に当地を訪ねることにいたしておりますので、貴行の目的に照らして、いかなる寄与をなし得るか、直接お話しできる機会をいただければまことに幸いに存じます。

敬具

このアンダーソンの手紙に対する反応はどうだったか。十二の銀行のうち十一行が面接を求め、彼女はその中から一行を選んだのである。そうなった理由は、彼女が自分の希望を述べたのではなく、自分が相手の銀行でどんな役に立つか、つまり、焦点を自分ではなく相手側に合わせたからである。

今日もまた数千のセールスマンが、充分な収入も得られず、失望し疲れ果てて街を歩いている。なぜか。それは、彼らが常に自分の欲するものしか考えないからだ。我々は、別に何も買いたいとは思っていない。それが彼らにはわかっていないのだ。我々は、ほしいものがあれば、自分で出かけていって買う。我々は、自分の問題を解決することには、いつでも関心を持っている。だから、その問題を解決するのに、セールスマンの売ろうとしているものが役立つことが証明されさえすれば、こちらから進んで買う。売りつける必要はないのである。客というものは自分で買いたいのであって、売りつけられるのは嫌なのだ。

それにもかかわらず、セールスマンの大多数は、客の立場で考えて売ろうとしない。よい例がある。私はニューヨークのクイーンズにあるフォレスト・ヒルズに住んでいるのだが、ある日、駅へ急ぐ途中、長年当地で不動産仲介業をやっている男に出会った。その男はフォレスト・ヒルズのことをよく知っていたので、私の住んでいる家は建築材料に何を使ってあるのか、尋ねてみた。彼は知らないと答え、庭園協会に電話で問い合わせてみろという。それくらいのことなら、とっくに承知している。ところが、その翌日、彼から一通の手紙が届いた。昨日尋ねたことがわかったのだろうか。電話をかければ一分とかからない問題だ。手紙を開いてみると、そうでない。昨日と同じく、電話で聞いてみろと繰り返し、そのあとで、保険に加入してくれと頼んでいる。

この男は、私の助けになるようなことには興味がない。彼自身の助けになることにのみ興味を持っているのだ。

アラバマ州バーミンガムのハワード・ルーカスの話を紹介しよう。同じ会社の二人のセールスマンが、同じような状況にどう対処したかという話である。ルーカスは私の講習会でこう発表してくれた。

「何年か前、私はある小さな会社の経営者の一人でした。近くに大手保険会社の支社がありました。この保険会社は地域ごとに担当を割り当てており、私たちの会社をカールとジョンという二人の保険外交員が担当していました。

ある朝、カールが私たちの事務所に顔を出しました。経営者向けの新しい保険ができたので紹介したいとのことでした。もし興味があれば後日詳しい資料を持ってくると言って帰っていきました。

同じ日のことです。同僚とコーヒーを飲んで事務所に戻る途中でジョンを見かけました。『ルーカスさん、ちょっと待ってください。いい話があります』と、ジョンが大きな声で叫んでいます。ジョンは息せき切って私たちのところに駆け寄ると、興奮した様子でその日に発売されたばかりの経営者向け生命保険の話をはじめました（これはカールが話していた保険と同じものでした）。ジョンは私たちに最初の顧客になってほしかったのです。彼は保険の補償内容などいくつかの重要事項を説明し、最後にこう言いました。『この保険はとても新しいものなので、明日本社から詳しい者を呼んで説明させます。それまでに、申込書に署名をしておいていただけますか。明日来る同僚にその書類を渡してください』。保険の詳細もまだ聞いていないのに、彼の熱意によって、私たちはこの保険に加入したいと思うようになりました。契約する段になって、ジョンが最初にしてくれた説明が的確であったと確認できました。ジョンは私たち一人一人と契約を結んだだけでなく、のちに補償額も二倍に増額してくれたのです。

カールも同じ保険を私たちに売り込めたはずです。しかし、彼は私たちに保険に加入したいという強い欲求を起こさせることができなかったのです」

世の中には欲深く利己的な人間であふれている。それゆえ無欲で人に尽くすことのできる奇特な人は、非常に大きな強みを持っている。競争相手もほとんどいないであろう。著名な弁護士にしてＲＣＡの創始者であるオーウェン・ヤングはかつてこう語っていた。

「人の立場に身を置くことができ、人情の機微を理解できる者は、将来困難が降りかかろうとも心配は要らない」

本書から〝常に相手の立場に身を置き、相手の立場から物事を考える〟という、たった一つのことを学びとっていただければ、成功への第一歩が、すでに踏み出されたことになる。

他人の立場に身を置き、その心の中に欲求を起こさせるということは、相手をうまく操ってこちらの利益にはなるが先方には損になることをやらせることでは決してない。双方が利益を得なければ嘘である。先のヴァーミラン宛ての手紙にしても、手紙を書く側と受け取る側の双方が、その手紙の提案を実行することで利益を受ける。またアンダーソンの場合も、銀行は有能な行員を獲得できたし、彼女は希望どおりの職を得ることができたわけだ。

人にやる気を起こさせる最善の方法は、相手にどんな利益がもたらされるかを示してやることだ。次に紹介するマイケル・ホイッデンの話は、そのことを証明している。ロードアイランドのシェル石油のセールスマンであったマイクには悩みの種があったが、この原則を応用して賢明な解決策にたどり着くことができた。問題は、マイクの担当地域にある時代遅れのさびれたガソリンスタンドであった。マイクは担当地域で第一位の営業成績を上げる目標を立てていた。ところが、このスタンドの状態はひどいもので、売り上げは大きく落ち込み、彼の目標達成の足かせになっていた。

年配の男がこのスタンドを経営していたが、自分のやり方を変えようとしない頑固者であった。

マイクが口を酸っぱくしてもっときれいに改修するようにすすめても、まったく取り合わなかった。最初は理論的に説明し、有益な提案もしたが、無駄な努力であった。腹を割って本音で話をしてみたが、これも効果はなかった。最後は懇願もしてみたが、この男はまったく聞く耳を持たなかった。筋金入りの頑固者だった。

思案の末、マイクはある方法を思いついた。この経営者を地域内にある最新のスタンドに連れていけば、自分のスタンドもよくしようと思うかもしれないと考えたのである。この経営者は地域内の競争相手のことが気になっていたので、現地視察の提案をすんなりと受け入れてくれた。そこでマイクは新しいスタンドの見学を手配した。

新しいスタンドを見学した経営者は、たいそう感心した様子だった。マイクがしばらくたってから訪ねてみると、スタンドは見違えるほどきれいになっていた。売り上げも大きく伸びていた。おかげで、マイクは担当地域で第一位の営業成績を上げるという目標を達成することができたのである。

マイクがどれだけ説得しても効果は皆無だったのに、自分のスタンドがきれいになった姿を心に描かせることで、マイクも経営者もともに利益を得ることができたのである。

大学でシェイクスピアや微積分を学んだ人たちでも、自分自身の心の働きについては、まるで知らないことが多い。

以前に私は、空調機の大手メーカー、キャリア社へ話し方の講義に行ったことがある。受講者は大学卒の新入社員ばかりであった。受講者の一人が、仲間を勧誘してバスケットボールをやらせようとしていた。彼は、皆に向かって、こう言った。

「バスケットボールをやってもらいたいんだ。僕はバスケットボールが好きで、何回か体育館へ出かけていってみたが、いつも人数が足りなくて試合がやれないんだ。この前など、二、三人しかいなくて、ボールの投げ合いをやるうちに、ボールを当てられてひどい目にあった。明日の晩は、ぜひみんなで来てほしい。僕は、バスケットボールがやりたくて仕方がないんだ」

彼は、相手がやりたくなるようなことは、何も言わなかったわけだ。誰も行かないような体育館には、誰だって行きたくないに決まっている。彼がいくらやりたくても、そんなことは、こちらの知ったことではない。それにわざわざ出かけていって、ボールを当てられてひどい目にあうのは、まっぴらだ。

もっと他に言いようもあったはずだ。バスケットボールをやればどういう利益があるか、それをなぜ言わなかったのだろう。元気が出るとか、食欲が旺盛になるとか、頭がすっきりするとか、とても面白いとか、利益はいくらでもあるはずだ。

ここでオーヴァストリート教授の言葉を、繰り返しておく必要がある。

「まず、相手の心の中に強い欲求を起こさせること。これをやれる人は、万人の支持を得ることに成功し、やれない人は、一人の支持者を得ることにも失敗する」

K・T・ダッチマンという電話技師で、同じく私の講習会に参加した父親だが、彼もまた三歳になる娘が朝食を食べないので弱っていた。おどしても、すかしても、まったく効き目がない。そこで、いったいどうすれば娘が朝ごはんを食べたくなるか考えた。

この子は、母親の真似をするのが好きだった。母親の真似をすると、大人になったような気がするのである。そこで、ある朝、この子に朝ごはんの支度をさせてみた。彼女が料理の真似をしている最中に、適当な頃を見はからって、父親が台所をのぞき込むと、彼女はうれしそうに叫んだ。

「パパ、見て。私、今朝ごはんをつくってるの」

その朝、彼女は二人前の朝食を平らげてしまった。朝食というものに興味を持ったからである。彼女の自尊心が満たされたのだ。朝食をつくることによって、自己主張の方法を発見したのである。

「自己主張は人間の重要な欲求の一つである」

これは、演劇評論家のウィリアム・ウィンターの言葉であるが、我々は、この心理を、仕事に応用することができるはずだ。何か素晴らしいアイディアが浮かんだ場合、そのアイディアを相手に思いつかせるように仕向け、それを自由に料理させてみてはどうか。相手はそれを自分のものと思い込み、二人前を平らげるだろう。

もう一度、繰り返す。

「まず、相手の心の中に強い欲求を起こさせること。これをやれる人は、万人の支持を得ることに成功し、やれない人は、一人の支持者を得ることにも失敗する」

人を動かす原則❸

強い欲求を起こさせる。

PART 1　まとめ

人を動かす原則❶
批判も非難もしない。苦情も言わない。

人を動かす原則❷
率直で、誠実な評価を与える。

人を動かす原則❸
強い欲求を起こさせる。

PART

2

人に好かれる六原則

1　誠実な関心を寄せる

友を得る法を学ぶには、わざわざ本書を読むまでもなく、世の中で一番優れたその道の達人のやり方を学べばよいわけだ。その達人とは何か。我々は毎日道ばたでその達人に出会っている。こちらが近づくと尾を振りはじめる。立ち止まって、なでてやると、夢中になって好意を示す。何か魂胆があって、このような愛情の表現をしているのではない。家や土地を売りつけようとか、結婚してもらおうとかいう下心はさらにない。

何の働きもせずに生きていける動物は、犬だけだ。鶏は卵を産み、牛は乳を出し、カナリヤは歌を歌わねばならないが、犬はただ愛情を人に捧げるだけで生きていける。

私が五歳の時、父が黄色の子犬を五十セントで買ってきた。その子犬ティピーの存在は当時の私にとって、何物にも代えがたい喜びであり、光明であった。毎日午後の四時半頃になると、ティピーは、決まって前庭に座り込み、美しい目でじっと家のほうを見つめている。私の声が聞こえるか、あるいは、食器をぶら提げている私の姿を植込みの間に見つけるかしようものなら、まるで鉄砲玉のように息せき切って駆けつけ、ほえたり、跳ねまわったりする。

それから五年間、ティピーは、私の無二の親友だった。だが、ある夜、三メートルと離れない目の前で、ティピーは死んだ。雷に打たれたのである。ティピーの死は、終生忘れがたい悲しみを私の子供心に残した。

ティピーは心理学の本を読んだことがなく、また、その必要もなかった。相手の関心を引こうとするよりも、相手に純粋な関心を寄せるほうが、はるかに多くの知己が得られるということを、ティピーは不思議な本能から知っていたのである。

繰り返して言うが、友を得るには、相手の関心を引こうとするよりも、相手に純粋な関心を寄せることだ。

ところが、世の中には、他人の関心を引くために、見当違いな努力を続け、その誤りに気づかない人がたくさんいる。

これでは、いくら努力しても、もちろん無駄だ。人間は、他人のことには関心を持たない。ひたすら自分のことに関心を持っているのだ。朝も、昼も、晩も。

ニューヨーク電話会社で、どんな言葉が一番よく使われているか、通話の詳細な研究をしたことがある。案の定、一番多く使われるのは、〝私〟という言葉であった。五百の通話に三千九百回使われたのである。

大勢と一緒に自分が写っている写真を見る時、我々は、まず最初に誰の顔を探すか。単に人を感服させてその関心を呼ぼうとするだけでは、決して真の友を多くつくることはできない。真の友は、そういうやり方ではつくれないのである。

ナポレオンが、それをやった。彼の妻ジョセフィーヌと別れる時、彼はこう言った。

「ジョセフィーヌよ、わしは、世界一の幸運児だ。しかし、わしが本当に信頼できるのは、そなた一人だ」

そのジョセフィーヌすら、彼にとって、信頼できる人間であったかどうかははなはだ疑問だと歴史家は言う。

ウィーンの著名な心理学者アルフレッド・アドラーは、その著書『人生の意味の心理学』でこう言っている。

「他人のことに関心を持たない人は、苦難の人生を歩まねばならず、他人に対しても大きな迷惑をかける。人間のあらゆる失敗はそういう人たちの間から生まれる」

心理学の書はたくさんあるが、どれを読んでもこれほど意味深い言葉には、めったに出くわさないだろう。このアドラーの言葉は、何度も繰り返して味わう値打ちがある。

私は、ニューヨーク大学で短編小説の書き方の講義を受けたことがあるが、その時の講師は人気雑誌の編集長だった。彼は、毎日机の上に積み上げられるたくさんの原稿のうちから、どれを取って読んでも、二、三節目を通せば、その作者が人間を好いているかどうかすぐにわかるという。

「作者が人間を好きでないなら、世間の人もまたその人の作品を好まない」

これが、彼の言葉である。

この編集長は、小説の書き方の講義の最中に、二度も講義を中断して、こう言っていた。

「説教じみて恐れ入るが、私は、牧師と同じことを言いたい。もし諸君が小説家として成功したいならば、他人に関心を持つ必要があることを心にとめておいてもらいたい」

小説を書くのにそれが必要なら、面と向かって人を扱う場合には、三倍も必要だと考えて間違いない。

偉大な奇術師のハワード・サーストンが、最後にブロードウェイにやってきたある夜、楽屋を訪ねたことがある。サーストンは四十年にわたり世界中を巡業し、観客を幻想と神秘の世界に誘って、驚嘆の渦に巻き込んできた奇術界の重鎮である。六千万人以上の客が、彼のために入場料を払い、彼は数百万ドルに及ぶ収入を得た。

私は、サーストンに、成功の秘訣を尋ねてみた。学校教育が彼の成功に何の関係もないことは明らかだ。少年の頃、家を飛び出し、浮浪児になって、貨車にただ乗りをしたり、干し草の中で寝たり、他人の家の前に立って食べ物を請うたりしていたのである。字の読み方は、鉄道沿線の広告を貨車の中から見て覚えた。

彼は、奇術について特に優れた知識を持っていたのかというと、そうではない。奇術に関する書物は山ほど出版されており、彼と同じ程度に奇術について知っている者は大勢いるという。ところが、彼は、他の人に真似のできないものを二つ持っている。第一は、観客を引きつける人柄である。彼は、芸人としての第一人者で、人情の機微を心得ている。さらに、身ぶり、話し方、顔の表情など、微細な点に至るまで、充分な稽古を積み、タイミングに一秒の狂いもない。次に、サーストンは、人間に対して純粋な関心を持っている。彼の話によると、たいていの奇術師は、観客を前にすると、腹のうちでこう考えるのだそうである。

「ほほう、だいぶ間の抜けたのが揃っているな。こんな連中をたぶらかすのは朝めし前だ」

ところが、サーストンは、まったく違う。舞台に立つ時は、彼はいつもこう考えるという。

「私の舞台を見にきてくださるお客さまがいるのはありがたいことだ。おかげで、私は日々を安らかに暮らせる。私の最高の演技をごらんに入れよう」

サーストンは、舞台に立つ時、必ず心の中で「私は、お客さまを愛している」と何度も繰り返し唱えるという。読者は、この話を、馬鹿馬鹿しいと思おうが、滑稽と思おうが、ご自由である。私は、ただ、世界一の奇術師が用いている秘法を、ありのままに公開したにすぎない。

ペンシルバニア州ノース・ウォーレンのジョージ・ダイクは、新しい高速道路ができるので、三十年間経営していたガソリンスタンドが立ち退きになり、それを機に引退した。ところが、毎日ぶらぶらしているのが退屈で、古いバイオリンを取り出してひまつぶしに鳴らしはじめた。そのうちに、近隣の土地をまわって、演奏を聴いたり、バイオリンの名手たちとつきあったりしはじめた。ジョージは、その名手たちの経歴や好みに誠実な関心を示していろいろと尋ねた。その結果、同好の友人が大勢でき、コンクールにも出場した。やがて東部では〝キンズア郡のバイオリン弾き、ジョージおじさん〟と呼ばれ、カントリー・ミュージック好きの間で有名人になった。当時七十二歳の彼は、余生の一刻一刻を十二分に楽しんでいた。ジョージは、他人に絶えず深い関心を寄せることによって、普通だったら「我が人生は終わった」とあきらめる時期に、まったく新しい人生を花開かせたのである。

セオドア・ルーズヴェルトの絶大な人気の秘密も、やはり、他人に寄せる彼の深い関心にあった。彼に仕えた使用人ジェイムズ・エイモスが『使用人の目から見たセオドア・ルーズヴェルト』という本を書いている。その本に、次のような一節がある。

「ある日のこと、私の妻が大統領にウズラはどんな鳥かと尋ねた。妻はウズラを見たことがなかったのである。大統領は、ウズラとはこういう鳥だと、噛んで含めるように教えてくれた。それからしばらくすると、私たちの家に電話がかかってきた（エイモス夫婦は、オイスター・ベイにあるルーズヴェルト邸内の小さな家に住んでいた）。妻が電話に出ると、相手方は大統領ご自身だった。今ちょうどそちらの窓の外にウズラが一羽、来ているから、窓からのぞけば見えるだろう、とわざわざ電話で知らせてくれたのだ。この小さな出来事が、大統領の人柄をよく示している。大統領が私たちの小屋のそばを通る時は、私たちの姿が見えても見えなくても、必ず『やあ、アニー。やあ、ジェイムズ』と親しみのこもった言葉を投げていかれた」

雇い人たちは、こういう主人なら好きにならざるをえないだろう。雇い人でなくても、誰でも好きになるはずだ。

ある日、タフト大統領夫妻の不在中にホワイト・ハウスを訪ねたルーズヴェルトは、自分の在任中から務めている使用人たちの名を残らず覚えていて、台所のお手伝いにまで親しげにその名を呼んで挨拶をした。これは、彼が目下の者に対して心からの好意を抱いていた証拠になるだろう。

ルーズヴェルトとタフト両大統領の補佐官であったアーチー・バットは次のように書いている。

調理室でお手伝いのアリスに会った時、ルーズヴェルトは、彼女に尋ねた。

「相変わらず、トウモロコシのパンを焼いているかね」

「はい、でも、私たち使用人が食べるのに時々焼いているだけです。二階の人たちは、誰も召し上がりません」

アリスがそう答えると、ルーズヴェルトは、大きな声で言った。

「物の味がわからんのだね。大統領に会ったらそう言っておこう」

アリスが皿にのせて出したトウモロコシのパンを一切れつまむと、それを頬ばりながら事務室へ向かった。途中、庭師や下働きの人たちを見ると、以前と少しも変わらない親しみを込めて、一人一人の名を呼んで話しかけた。彼らは、いまだにその時のことを語り草にしている。ことに、四十年間ホワイト・ハウスの筆頭案内係を務めたアイク・フーヴァーは、うれし涙を浮かべてこう言った。

「この二年間でこんなにうれしい日はなかった。このうれしさは、とてもお金には代えられないと、皆で話し合っています」

これと同じように、さほど地位の高くない人物に関心を示したおかげで、大切な客を失わずに済んだセールスマンの話を紹介しよう。ニュージャージー州チャタムのエドワード・サイクスの話である。

「かなり昔だが、私はジョンソン&ジョンソン社のセールスマンで、マサチューセッツ州を担当していた。ヒンガムという町のドラッグストアと取引があって、この店へ行くたびに、喫茶カウンターの店員たちに声をかけ、しばらく世間話をしたあとで店主と商談をしていた。ある日も店員たちと世間話をしたあとで店主のところに行った。すると店主は『あんたの会社は、ちっぽけなドラッグストアなんかは問題にしてないようだ。大きな食料品店やディスカウントストア相手の商売にばかり力を入れているらしい。そんな会社の品物はお断りだ。帰ってくれ』と言う。とりつく島もなく、すごすごと引き揚げ、数時間その町をまわっていたが、やがて気を取り直し、もう一度店主に我が社の真意を聞いてもらおうと決心した。

再び店に入ると、いつものように店員たちに声をかけ、店主のところへ行った。意外にも店主は笑顔で私を迎え、いつもの倍の注文をくれた。『先ほどうかがってから、まだいくらもたってないのに、いったいどうしたんですか』と尋ねると、店主は若い店員を指さして、『あの男の話で気が変わったのさ。セールスマンは何人もくるが、店員たちに挨拶をしてくれるのはあんただけで、あんたの他に、この店の注文をとる資格のあるセールスマンはいないと言うんだよ』。こうして店主は、それからも引き続き注文をくれるようになった。それ以来、私は他人のことに深い関心を持つことこそセールスマン、いや、セールスマンに限らず、誰もが持つべき大切な心がけだと信じて疑わない」

私の経験によると、こちらが心からの関心を示せば、どんなに忙しい人でも、注意を払ってくれるし、時間も割いてくれ、また協力もしてくれるものだ。例を挙げてみよう。

私はブルックリン芸術科学学院で小説作法の講義を計画したことがある。私たちは、有名な作家、キャサリン・ノリス、ファニー・ハースト、アイダ・ターベル、アルバート・ターヒューン、ルパート・ヒューズなどの話を聞きたいと思った。そこで、私たちは、彼らの作品の愛読者で、彼らの話を聞いて成功の秘訣を知りたいのだという意味の手紙を、作家たち宛てに出した。

それぞれの手紙には約百五十名の受講者が署名した。作家たちが多忙で講演の準備をするひまがないだろうと思い、手紙には、あらかじめこちらの質問を表にして同封しておいた。このやり方が先方の気に入ったらしい。作家たちは、我々のために、はるばるブルックリンまできてくれたのである。

同じようにして、私は、セオドア・ルーズヴェルト内閣の財務長官レスリー・ショーや、ウィリアム・タフト内閣の司法長官ジョージ・ウィカーシャム、ウィリアム・ブライアン、フランクリン・ルーズヴェルトなど多数の有名人に働きかけて、話し方講座の受講者のために講演をしてもらった。

工場で働く労働者であれ、会社で働く事務員であれ、王座につく女王であれ、人間は誰でも皆、自分をほめてくれる者を好くものだ。

友をつくりたいなら、まず人のために尽くすことだ。人のために自分の時間と労力を捧げ、思慮のある没我的な努力を行なうことだ。ウィンザー公が皇太子の頃、南米旅行の計画を立てた。外国へ行けばその国の言葉で話したいと考え、公は、出発前の何か月間もスペイン語を勉強した。南米では、公の人気は大変なものであった。

長年、私は、友達からその誕生日を聞き出すように心がけてきている。もともと私は占星術などまるで信じない男だが、人間の生年月日と性格、気質には何らかの関係があると思うかどうか、相手にまず聞いてみることにしている。そして、次に相手の生年月日を尋ねる。仮に十一月二十四日だと相手が答えたとすると、私は心の中で十一月二十四日、十一月二十四日と何度も繰り返し、隙を見て相手の名と誕生日をメモに書きつけ、家に帰ってから、それを誕生日帳に記入する。毎年正月には、新しい卓上カレンダーにこれらの誕生日を書き込んでおく。こうしておけば、忘れる心配がない。それぞれの誕生日には、私からの祝いの手紙やカードが先方に届いている。これはまことに効果的で、その人の誕生日を覚えていたのは世界中で私一人だったというような場合もよくある。

友をつくりたいと思えば、他人を熱意のある態度で迎えることだ。電話がかかってきた場合にも、同じ心がけが必要で、電話をもらったのが大変うれしいという気持ちを充分に込めて応答するのである。

多くの会社では、相手への関心と熱意が伝わる話し方で応答するよう、電話応対係を指導している。電話をかけてきた人は、その会社が自分を気にかけてくれていると感じるのだ。明日電話に出る時、このことを思い出してほしい。

深い関心を示すことによって、個人的に友をつくることができるだけでなく、相手が我々の勤める会社の顧客であれば、会社への忠誠心とも言うべき気持ちを育てることすらできる。ニューヨークの北米ナショナル銀行が発行するイーグル誌に、マデリン・ローズデールという女性の預金者から寄せられた手紙が掲載されている。

「行員の皆さまへ感謝を込めて一筆差し上げます。皆さまとても丁寧で礼儀正しく、ご親切で、長い間、順番を待ったあとなど、愛想のよい応対を受けると、たちまち気持ちがなごんでしまいます。去年、母が五か月入院していましたが、その間、出納係のメアリー・ペトルセロさんの窓口へ行くと、必ず母のことを心配して、病状を尋ねてくださいました」

ローズデールが他の銀行に預金を移す恐れは、まずないだろう。

次に、ニューヨークのある大銀行に勤めているチャールズ・ウォルターズの例を紹介しよう。彼はある会社に関する信用調査を命じられた。ウォルターズはその会社の情報に通じている人物を一人だけ知っていた。ウォルターズがその人物を訪ねて社長室に通された時、若い女性秘書が部屋に顔だけ出して、「あいにく、今日は差し上げる切手がございません」と社長に言葉をかけた。

社長は「十二歳になる息子が切手を収集していますので」とウォルターズに説明した。ウォルターズは用件を述べて質問をはじめたが、社長は言を左右にしていっこうに要領を得ない。この話題には触れたくないらしく、彼から情報を引き出すことはまず不可能と思われた。会見は短時間に終わり、何も得るところはなかった。

「正直なところ、私もあの時はどうすればいいかわからなかった」

ウォルターズは当時のことを述懐して、そう言った。

「そのうち、私は、ふとあの女性秘書と社長の会話を思い出した。郵便切手、十二歳の息子……と同時に、私の銀行の外国課のことが頭に浮かんだ。外国課では、世界各国からくる手紙の切手を集めているのだ。

翌日の午後、私は、その社長を訪ねて、彼の息子のために切手を持ってきたと告げた。もちろん、大変な歓迎を受けた。彼が議員に立候補中だったとしても、あれほどの熱意で握手して迎えてはくれなかったろう。相好をくずした社長は、大事そうに切手を手に取り、『これは、きっとジョージの気に入る』とか『これはどうだ。たいした値打ち物だ』とか口走って、夢中になっていた。

社長と私は、それから三十分ほど、切手の話をしたり、彼の息子の写真を眺めたりしていたが、やがて社長は、私が何も言い出さないうちに、私の知りたがっていた情報を話しはじめた。一時間以上にわたって、知っている限りのことを教えてくれ、さらに部下を呼んで尋ねたり、電話で知人に問い合わせたりしてくれた。私は、十二分に目的を達したわけだ。いわゆる〝特ダネ〟を手に入れたのである」

もう一つ例を挙げよう。フィラデルフィアに住むC・M・ナフルという男が、ある大きなチェーン店へ数年来、燃料を売り込もうとして一生懸命だった。そのチェーン店では燃料を市外の業者から買い入れ、そのトラックがいつもナフルの店の前をこれ見よがしに通っていた。ある晩、ナフルは、私の講習会に出席して、チェーン店に対する日頃の憤懣《ふんまん》をぶちまけ、チェーン店は市民の敵だとののしった。

それでいて、彼は売り込みをあきらめていたわけではなかった。

私は、何か別な策を考えてみてはどうかと彼に提案した。その話を簡単に説明すると、こうだ。すなわち、講習会の討論の議題として、〝チェーン店の普及は国家にとって果たして有害か〟という問題を、我々は取り上げたのである。

ナフルは、私のすすめで、チェーン店を弁護する立場を引き受けたのである。彼は、日頃目の敵にしていたチェーン店の重役のところへ、早速出かけていった。

「今日は、燃料を売り込みにきたのではありません。別なお願いがあってきました」

彼はそう前置きをして、討論会のことを説明した。

「実は、チェーン店のことについて、いろいろと教わりたいのですが、あなたより他に適当な人はいないと思いましたので、お願いにあがったわけです。討論会にはぜひとも勝ちたいと思っています。ご援助をお願いします」

以下、ナフル自身の言葉を借りて述べよう。

「私は、この重役に、正味一分間だけ時間を割いてもらう約束だった。面会はその条件で許されたのである。重役は私に椅子をすすめて話をはじめ、一時間と四十七分、話し続けた。彼は、チェーン店に関する書物を書いたことのあるもう一人の重役まで呼んでくれた。また、全米チェーン店協会に照会して、この問題に関する討論記録の写しも手に入れてくれた。彼は、チェーン店が人類に対して真の奉仕をしていると信じ切っており、自分の仕事に大きな誇りを感じているのだ。話しているうちに、彼の目は輝きを帯びてきた。正直言って、私は、今まで夢想さえもしなかった事柄に対して目が開けてきた。彼は、私の考えを一変させたのである。

用件が済んで帰ろうとすると、彼は私の肩に手をかけ、扉のところまで送り出しながら、討論会で勝つように祈っていると言い、さらに、その結果をぜひ報告しにきてくれと言った。

『春になったら、またいらしてください。燃料を注文したいと思いますから』

これが、別れ際に彼が口にした言葉だった。

私は、奇跡を目の当たりにしたような気がした。私が何も言わないのに、彼のほうから進んで燃料を買おうと言うのだ。私の店の燃料に関心を持たせようとする方法では十年かかってもやれないことを、彼の関心のある問題にこちらが誠実な関心を寄せることによって、わずか二時間でやってのけることができたのである」

紀元前一〇〇年に、ローマの詩人プブリウス・シルスがすでに次のごとく説いている。

「我々は、自分に関心を寄せてくれる人々に関心を寄せる」

他人に示す関心は、人間関係の他の原則と同様に、必ず心底からのものでなければならない。関心を示す人の利益になるだけでなく、関心を示された相手にも利益を生まねばならない。一方通行ではなく、双方の利益にならなくてはいけない。

ニューヨーク州ロング・アイランドで私の講座を受講していたマーティン・ギンズバーグは、一人の看護師から特別な心遣いを受け、それがどんなに自分のその後の人生に深い影響を及ぼしたかを、次のように報告している。

「感謝祭の日のことだった。私は十歳で、市立病院の福祉病棟に入院しており、翌日に整形外科手術を受けることになっていた。手術後も数か月は療養のため入院し、肉体的苦痛に耐えねばならなかった。父はすでに亡くなり、母と二人きり、小さなアパートで生活保護を受けて暮らしていたが、手術の前日というのに、母は忙しくて病院に来ることもできなかった。

時間がたつにつれて、さびしさ、絶望、そして手術への恐怖で気が滅入ってきた。母は一人で私のことを心配しているに違いない。話し相手もなく、一緒に食事をする人もいない。感謝祭だというのに、ごちそうをつくる金もない。

そう思うと涙がとめどもなく湧いてきて、私は枕の下に頭を突っ込み、毛布をかぶって声を立てずに泣いた。悲しさはますます募り、体中に苦痛が走った。

すすり泣きの声を聞きつけた若い見習い看護師が近づいて毛布を持ち上げ、涙で汚れた顔をふいてくれた。そして、自分も感謝祭の日に家族から離れて働くのは、とてもさびしい。だから、今晩は一緒にお食事をしましょうと言って、二人分の夕食を盆にのせて私のベッドへ運んできた。七面鳥やマッシュポテトやクランベリー・ソース、それにデザートのアイスクリームまで、感謝祭のごちそうが揃っていた。彼女はしきりに話しかけて、手術への恐怖心を紛らそうとした。勤務時間は午後四時までだというのに、十一時頃に私が寝入るまで、ゲームをしたり、お話を聞かせたりして、つきあってくれた。

十歳だったあの日から、何回も感謝祭がめぐってきた。そのたびにあの日のことを思い出す。絶望と恐怖と孤独感、そして、それらを克服する力を与えてくれた見知らぬ女性の優しさを」

人に好かれたいのなら、本当の友情を育てたいなら、そして自分自身を益し同時に他人を益したいのだったら、次の原則を心に刻みつけておくことだ。

人に好かれる原則❶

誠実な関心を寄せる。

2 笑顔を忘れない

チャールズ・シュワブは、自分の微笑みには百万ドルの価値があると言っていたが、ずいぶん控え目に評価したものだ。彼の並々ならぬ成功は、もっぱらその人柄、魅力、人に好かれる能力などによってもたらされたものであり、彼の魅惑的な微笑みは、彼の人柄をつくり上げる最も素晴らしい要素なのである。

動作は言葉よりも雄弁である。微笑みはこう語る。

「私はあなたが好きです。あなたのおかげで私はとても楽しい。あなたにお目にかかってうれしい」

犬がかわいがられるゆえんである。我々を見ると、犬は喜んで夢中になる。自然、我々も犬がかわいくなる。

赤ちゃんの笑顔も同じ効果を持つ。

病院の待合室は、順番を待つ人たちの陰気な顔が並び、暗い雰囲気に包まれているものである。ミズーリ州レイタウンの獣医、スティーヴン・スプラウル博士の話だが、ある春の日、診療所の待合室には、予防注射のためにペットを連れてきた人たちが詰めかけていた。皆、黙りこくっている。無駄な待ち時間を持てあまし、いら立っているのだ。その時のことを、博士は私の講習会でこう話してくれた。

「客はまだ六、七人いたと思いますが、生後九か月ほどの赤ちゃんと子猫一匹を連れた若い母親が入ってきました。先ほどから不機嫌な顔つきになっていた紳士の隣に、この母親が偶然腰をかけました。すると、抱かれていた赤ん坊が、満面に笑みをたたえてこの紳士を見上げたのです。この紳士は、どうしたと思いますか。もちろん、微笑み返しました。そして、若い母親と、赤ん坊や自分の孫のことなど、あれこれとおしゃべりをはじめました。やがて、待合室にいた全員がおしゃべりに加わり、それまでのいら立った空気がほぐれて、楽しい雰囲気に一変しました」

心にもない笑顔、そんなものには、誰もだまされない。そんな機械的なものには、むしろ腹が立つ。私は真の微笑みについて語っているのである。心温まる微笑み、心の底から出てくる笑顔、千金の価値のある笑顔について語っているのだ。

ミシガン大学の心理学教授、ジェイムズ・マコンネル博士は、笑顔について次のような感想を述べている。

「笑顔を見せる人は、見せない人よりも、経営、販売、教育などの面で効果を上げるように思う。

笑顔の中には、渋面よりも豊富な情報が詰まっている。子供たちを励ますほうが、罰を与えるよりも教育の方法として優れているゆえんである」

ニューヨークの大手デパートで人事採用責任者を務める人は、「哲学の博士号を持つ陰気な人物よりも、学歴がなくとも気持ちのよい笑顔を持つ人を店員に雇うほうがよい」と言った。

笑顔の効果は強力である。たとえその笑顔が目に見えなくても、効果に変わりがない。アメリカ中の電話会社が実施している一つの企画がある。〝電話の力〟と名づけられたこの企画は、サービスや商品を売るのに電話を使うセールスマンたちを対象にするもので、「電話でセールスをする時は、笑顔を忘れるな」というのがモットーなのである。〝笑顔〟は声にのって相手に伝わるというのだ。

オハイオ州シンシナティのある会社の部長ロバート・クライヤーは、適材が見つからなくて困っていたポストに、うってつけの人物が獲得できたいきさつを話してくれた。

「私は、科学分野で博士号を持った部下がほしくて懸命に探していた。パーデュー大学の卒業予定者の中に注文どおりの青年が見つかり、何回か電話で話をした。彼にはすでに採用を申し入れている会社が多数あり、いずれも私たちの会社よりも大きく、知名度も高かった。それだけに、彼が入社を承知してくれた時はうれしかった。入社後この青年に私たちの会社を選んだ理由を聞いてみると、一瞬考えたのち、こう答えた。『他社の部長の電話は、どれも皆、事務的な口調で、単に取引といった感じでした。でもあなたの場合は、私と話すのがいかにもうれしいといった感じでした。こちらの会社の一員になってもらいたいという気持ちが声によく表われていました』。そういえば、私は、電話をかける時に笑顔を忘れたことはありません」

アメリカ有数のゴム会社の社長の話だが、彼によると、仕事が面白くてたまらないくらいでなければ、めったに成功者にはなれないという。この工業界の大人物は、「勤勉は希望の門を開く唯一の鍵」という古いことわざをたいして信用していない様子だ。彼はこう言う。

「まるでどんちゃん騒ぎでもしているような具合に仕事を楽しみ、それによって成功した人間を何人か知っているが、そういう人間が真剣に仕事と取り組みはじめると、もう駄目だ。だんだん仕事に興味を失い、ついには失敗してしまう」

自分とつきあって相手に楽しんでもらいたい人は、まず相手とつきあって自分が楽しむ必要がある。

私は、何千人もの会社員に、毎時間一回ずつ誰かに向かって笑顔を見せることを一週間続け、その結果を講習会で発表するように提案したことがある。それがどういう効果を見せたか、一つの例を挙げてみよう。今、手元に、ニューヨークの株式仲買人ウィリアム・スタインハートの手記があるが、これは別段珍しい例ではなく、同様の例は数え切れないほどある。スタインハートの手記はこうだ。

「私は結婚して十八年以上になるが、朝起きてから勤めに出かけるまでの間に、笑顔を妻に見せたこともなく、また二十語としゃべったためしもない。世間にも珍しいほどの気難し屋でした。

先生が笑顔について経験を発表せよと言われたので、試みに一週間だけやってみる気になりました。で、その翌朝、頭髪の手入れをしながら、鏡に映っている自分の不機嫌な顔に言い聞かせました。『ビル（ウィリアムの愛称）、今日は、そのしかめっ面をやめるんだぞ。笑顔を見せろ。さあ、早速やるんだ』。朝の食卓につく時、妻に『おはよう』と言いながら、にっこり笑って見せました。

相手はびっくりするかもしれないと先生は言われましたが、妻の反応は予想以上で、非常なショックを受けたようです。これからは毎日こうするのだから、そのつもりでいるようにと妻に言いましたが、事実、今も毎朝それが続いています。

私が態度を変えてからのこの二か月間、かつて味わったこともない大きな幸福が、私たちの家庭に訪れています。

今では、毎朝出勤する時、アパートのエレベーター係に笑顔で『おはよう』と言葉をかけ、門番にも笑顔で挨拶するようになりました。地下鉄の窓口で釣り銭をもらう時も同様です。証券取引所でも、これまで私の笑顔を見たこともない人たちに、笑顔を見せます。

そのうちに、皆が笑顔を返すようになりました。苦情や不満を持ち込んでくる人にも、明るい態度で接します。相手の言い分に耳を傾けながら笑顔を忘れないようにすると、問題の解決もずっと容易になります。笑顔のおかげで、収入は、うんと増えてきました。

私はもう一人の仲買人と共同で事務所を使用しています。彼の雇っている事務員の一人に、好感の持てる青年がいます。笑顔の効き目に気をよくした私は、先日その青年に人間関係について私の新しい哲学を話しました。すると彼は、私をはじめて見た時はひどい気難し屋だと思ったが、最近ではすっかり見直していると、正直に話してくれました。私の笑顔には人情味があふれているそうです。

また、私は、人の悪口を言わないことにしました。悪口を言う代わりに、ほめることにしています。自分の望むことについては何も言わず、もっぱら他人の立場に身を置いて物事を考えるように努めています。そうすると、生活に文字どおり革命的な変化が起こりました。私は以前とはすっかり違った人間になり、収入も増え、友人にも恵まれた幸福な人間になりました。人間として、これ以上の幸福は望めないと思います」

笑顔など見せる気にならない時は、どうすればよいか。方法は二つある。まず第一は、無理にでも笑ってみることだ。一人でいる時なら、口笛を吹いたり鼻歌を歌ったりしてみる。幸福でたまらないようにふるまうのである。すると、本当に幸福な気持ちになるから不思議だ。心理学者ウィリアム・ジェイムズの説を紹介しよう。

「動作は感情に従って起こるように見えるが、実際は、動作と感情は並行するものなのである。動作のほうは意志によって直接に統制することができるが、感情はそうはできない。ところが、感情は、動作を調整することによって、間接に調整することができる。したがって、快活さを失った場合、それを取り戻す最善の方法は、いかにも快活そうにふるまい、快活そうにしゃべることだ」

世の中の人は皆、幸福を求めているが、その幸福を必ず見つける方法が一つある。それは、自分の気の持ち方を工夫することだ。幸福は外的な条件によって得られるものではなく、自分の気の持ち方一つで、どうにでもなる。

幸不幸は、財産、地位、職業などで決まるものではない。何を幸福と考え、また不幸と考えるか。その考え方が、幸不幸の分かれ目なのである。たとえば、同じ場所で同じ仕事をしている人がいるとする。二人は、だいたい同じ財産と地位を持っているにもかかわらず、一方は不幸で他方は幸福だということがよくある。なぜか。気の持ち方が違うからだ。

私はニューヨーク、シカゴ、ロサンゼルスなどアメリカの大都会で、空調設備のある快適なオフィスに働く人たちの楽しそうな顔を目にしてきたが、それに劣らぬ楽しげな顔を、熱帯の酷暑の中で働く貧しい農民の間でも見たことがある。

「物事には、本来、善悪はない。ただ我々の考え方いかんで善と悪とが分かれる」。これは、シェイクスピアの言葉である。

「およそ、人は、幸福になろうとする決心の強さに応じて幸福になれるものだ」。これは、リンカーンの言ったことだが、けだし名言である。

先日私はこの言葉を裏づける生きた実例を目撃した。ニューヨークのペン駅の階段をのぼっている時、私のすぐ前を三、四十人の足の不自由な少年たちが、松葉杖を頼りに悪戦苦闘しながら階段をのぼっていた。つき添いの人にかついでもらっている少年もいた。私は、その少年たちが嬉々とした様子を見せていることにびっくりした。つき添いの一人に聞いてみると、彼はこう答えた。

「そうです。一生体が不自由だとわかると、子供たちは最初ひどいショックを受けますが、それを乗り越えると、たいていは自分の体に適応し、ついには他の子供たちと同じように快活になります」

私はこの少年たちに頭の下がる思いがした。彼らは、私に一生忘れえぬ教訓を与えてくれたのだ。

随筆家で出版社も経営していたエルバート・ハバードの次の言葉を、よく読んでいただきたい。いや、読むだけでは何にもならない。実行していただきたい。

「家から出る時は、いつでもあごを引いて頭をまっすぐに立て、できる限り大きく呼吸をすること。日光を浴びるのだ。友人には笑顔を持って接し、握手には心を込める。誤解される心配などはせず、敵のことに心をわずらわさない。やりたいことをしっかりと心の中で決める。そして、まっしぐらに目標に向かって突進する。大きな素晴らしいことをやり遂げたいと考え、それを絶えず念頭に置く。すると、月日のたつに従って、いつの間にか、念願を達成するのに必要な機会が自分の手の中に握られていることに気がつくだろう。あたかも珊瑚虫が潮流から養分を摂取するようなものである。また、有能で真面目で、他人の役に立つ人物になることを心がけ、それを常に忘れないでいる。すると、日のたつに従って、そのような人物になっていく。心の働きは絶妙なものである。正しい精神状態、すなわち勇気、率直、明朗さを常に持ち続けること。正しい精神状態は優れた創造力を備えている。すべての物事は願望から生まれ、心からの願いはすべてかなえられる。人間は、心がけたとおりになるものである。あごを引いて頭をまっすぐに立てよう。神となるための前段階、それが人間なのだ」

古代の中国人は賢明で、処世の道に長じていた。そのことわざに、こういう味わい深いものがある。

「笑顔を見せない人間は、商人にはなれない」

笑顔は好意のメッセンジャーだ。受け取る人々の生活を明るくする。しかめっ面、ふくれっ面、それに、わざと顔をそむけるような人々の中で、あなたの笑顔は雲の間から現われた太陽のように見えるものだ。特にそれが、上司や顧客や先生、あるいは両親や子供たちからの圧迫感に苦しんでいるような人であれば、「世間にはまだ楽しいことがあるのだな」と希望をよみがえらせる。

何年か前、ニューヨークのあるデパートでは、クリスマス・セール中に店員たちが繁忙をきわめるとわかった上で、次のような哲学を盛り込んで顧客に訴えかける異例の広告を出した。

クリスマスの笑顔

元手がいらない。しかも、利益は莫大。

与えても減らず、与えられた人は豊かになる。

一瞬の間、見せれば、その記憶は永久に続く。

どんな金持ちもこれなしでは暮らせない。どんな貧乏人もこれによって豊かになる。

家庭に幸福を、商売に善意をもたらす。友情の合言葉。

疲れた人にとっては休養、失意の人にとっては光明、悲しむ人にとっては太陽、悩める人にとっては自然の解毒剤となる。

買うことも、強要することも、借りることも、盗むこともできない。無償で与えてはじめて値打ちが出る。

クリスマス・セールで疲れ切った店員のうちに、これをお見せしない者がございましたら、恐れ入りますが、お客さまの分をお見せ願いたいと存じます。

笑顔を使い切った人間ほど、笑顔を必要とするものはございません。

人に好かれる原則❷

笑顔で接する。

3 名前を覚える

一八九八年、ニューヨーク州のロックランド郡で、痛ましい出来事が起こった。一人の子供が死んだので、この日、近所の人たちは、葬式に行く支度をしていた。ジム・ファーリーは馬小屋へ馬を引き出しにいった。地上には雪が積もり、寒気はことのほか厳しかった。馬は何日も運動不足だった。水槽のところへ連れていく途中、馬が暴れ出し、後ろ足を高く跳ね上げてジムを蹴り殺してしまった。ストーニー・ポイントというその小さな村では、その週、葬式が一つ増えて二つ出すことになったのである。

ジム・ファーリーは、妻と三人の男の子とわずかな保険金をあとに残して死んだ。

長男もやはりジムといったが、まだようやく十歳になったばかりで、煉瓦工場へ働きに出された。砂を運んで型に流し込み、それを並べて天日で乾燥させるのが仕事だった。ジム少年には、学校に通うひまがなかった。しかし、この少年は持ち前の愛想のよさで皆に好かれ、やがて政界に進出したが、人の名前を覚える不思議な能力を発揮しはじめた。

ジムは高校などのぞいたこともなかったが、四十六歳の時には四つの大学から学位を贈られ、民主党全国委員長になり、アメリカの郵政長官になった。

ある日、私はジム・ファーリーと会見した。彼の成功の秘訣を尋ねると、答えはこうだった。

「勤勉」

「冗談はいけません」。私がそう言うと、彼は、逆に私の意見を求めた。

「あなたは、一万人の名前を覚えておられると聞いていますが……」。私が答えると、彼はそれを訂正した。

「いや、五万人です」

フランクリン・ルーズヴェルトが一九三二年の大統領選挙を戦う際、ジムのこの能力が大いに助けとなったのである。

ジム・ファーリーは、石膏《せっこう》会社のセールスマンとして各地をめぐり歩いたり、また、ストーニー・ポイントの役場に勤めたりしていた間に、人の名を覚える方法を考え出したのである。この方法は、はじめはきわめて簡単なものだった。初対面の人からは、必ずその氏名、家族、職業、それから政治についての意見などを聞き出す。そして、それをすっかり頭に入れてしまう。すると、次に会った時、たとえ一年後でも、その人の肩をたたいて、妻や子供のことを聞いたり、庭の植木のことまで尋ねたりすることができた。支持者が増えたのも当然である。

ルーズヴェルトが大統領選挙に乗り出す数か月前、ジム・ファーリーは、西部および北西部の諸州の人々に宛てて、毎日数百通の手紙を書いた。次に彼は、汽車に飛び乗り、十九日間に二十州をまわった。行程は実に一万九千キロ、その間、馬車、汽車、自動車、小舟など、あらゆる乗り物を利用した。町に着くと、早速その町の人たちと食事やお茶をともにして心を開いて話し合い、それが済むと、また、次の町へまわるという忙しさだった。

東部に帰ると、今度は自分が訪れた町の代表者に早速手紙を出し、会合に集まった人々の名簿を送ってくれるように頼んだ。こうして彼の手元に集まった名前の数は数万に及んだが、名簿に載った人は一人残らず、民主党全国委員長ジェイムズ・ファーリーからの親しみのこもった私信を受け取った。その手紙は〝ジェーンへ〟とか〝ビルへ〟ではじまり、署名には〝ジム〟（ジェイムズの愛称）となっていて、親しい友人間の手紙のような調子で書かれていた。

人間は他人の名前などいっこうに気にとめないが、自分の名前になると大いに関心を持つものだということを、ジム・ファーリーは早くから知っていた。自分の名前を覚えていて、それを呼んでくれるということは、まことに気分のよいもので、つまらぬお世辞よりもよほど効果がある。逆に、相手の名を忘れたり、間違えて書いたりすると、厄介なことが起こる。例を挙げると、私は、かつてパリで話し方の講習会を開いたことがある。在留アメリカ人に案内状を出したが、英語の素養のないフランス人のタイピストに宛て名を書かせたのが失敗だった。あるアメリカの大銀行のパリ支店長から、名前の綴りが違っていると、大変な抗議を受けた。

人の名前は、なかなか覚えにくいものだ。発音しにくい名前だと、特にそうだ。たいていの人は、覚える努力もしないでそのまま忘れるか、ニックネームで間にあわせたりする。シド・レヴィは、ニコデマス・パパドゥーロスという難しい名前のお得意さんを持っていた。たいていの人は〝ニック〟と通称で呼んでいたが、レヴィは正式の名で呼びたいと考えた。

「彼に会う日は、出かける前に名前を繰り返し唱えて練習した。『こんにちは、ニコデマス・パパドゥーロスさん』とフル・ネームで挨拶した時の彼の驚きようと言ったらなかった。絶句したまま返事ができない様子である。やがて、涙で頬を濡らしながらこう言った。『レヴィさん、私はこの国にきてからもう十五年、今の今まで誰一人、ちゃんとした名前で私を呼んでくれた人はいなかったんです』」

アンドリュー・カーネギーの成功の秘訣は何か。カーネギーは鉄鋼王と呼ばれているが、本人は製鋼のことなどほとんど知らなかった。鉄鋼王よりもはるかによく鉄鋼のことを知っている数百名の人を使っていたのだ。

しかし、彼は人の扱い方を知っていた。それが彼を富豪にしたのである。彼は子供の頃から人を組織し、統率する才能を示していた。十歳の時には、すでに人間というものは自己の名前に並々ならぬ関心を持つことを発見しており、この発見を利用して他人の協力を得た。こういう例がある。まだスコットランドにいた少年時代の話だが、ある日、彼はウサギをつかまえた。ところが、そのウサギは腹に子を持っていて、間もなくたくさんの子ウサギが小屋にいっぱいになった。すると、餌が足りない。だが、彼には素晴らしい考えがあった。近所の子供たちに、ウサギの餌になる草をたくさん取ってきたら、その子の名を子ウサギにつけると言ったのである。

この計画は見事に当たった。カーネギーはその時のことを決して忘れなかった。

後年、この心理を事業に応用して、彼は巨万の富をなしたのだ。こういう話がある。彼はペンシルバニア鉄道会社にレールを売り込もうとしていた。当時、エドガー・トムソンという人が、その鉄道会社の社長だった。そこで、カーネギーは、ピッツバーグに巨大な製鉄工場を建て、それを〝エドガー・トムソン製鋼所〟と命名した。

ペンシルバニア鉄道会社は、レールをどこから買いつけたか。それは、読者のご想像にまかせる。

カーネギーとジョージ・プルマンが寝台車の売り込み競争でしのぎをけずっていた時、鉄鋼王はまたウサギの教訓を思い出した。

カーネギーのセントラル・トランスポーテーション社とプルマンの会社は、ユニオン・パシフィック鉄道会社に寝台車を売り込もうとして、互いに相手の隙を狙い、採算を無視して泥仕合を演じていた。カーネギーもプルマンも、ユニオン・パシフィックの首脳陣に会うためにニューヨークへ出かけた。ある夜、セント・ニコラス・ホテルで、この両人が顔を合わせ、カーネギーが声をかけた。

「やあ、プルマンさん、こんばんは。考えてみると、私たち二人は、お互いに馬鹿なことをしているようですなあ」

「それは、いったいどういう意味かね」

プルマンが、問い返した。

そこでカーネギーは、前から考えていたことを彼に打ち明けた。両社の合併案だ。互いに反目しあうより、提携したほうが、はるかに得策だと熱心に説いた。プルマンは注意深く聞いていたが、半信半疑の様子だった。やがてプルマンは、カーネギーにこう尋ねた。

「ところで、その新会社の名前はどうするのかね」

すると、カーネギーは、言下に答えた。

「もちろん、プルマン・パレス車両会社としますよ」

プルマンは急に顔を輝かせて、こう言った。

「．つ、私の部屋で、ゆっくりご相談しましょう」

この相談が、工業史に新しいページを加えることになったのである。

このように、友達や取引関係者の名を尊重するのが、カーネギーの成功の秘訣の一つだった。

カーネギーは自分のもとで働く多数の労働者たちの名前を覚えていることを誇りにしていた。

人間は自分の名に非常な誇りを持っているもので、何とかそれを後世に残そうとする。当代随一の興行師であったP・T・バーナムでさえ、自分の名を継いでくれる者がいないのを苦にしていたが、とうとう孫のC・H・シーリーに、バーナムの名を継いでくれるなら、二万五千ドルを出そうと申し入れた。

かつて王侯貴族の間では、芸術家、音楽家、作家たちを援助して、その作品を自分に捧げさせる習わしがあった。図書館や博物館の豪華なコレクションの中には、自分の名前を世間から忘れられたくない人たちの寄贈によるものが多い。ニューヨーク市立図書館のアスター・コレクションやレノックス・コレクションがそれであり、メトロポリタン美術館ではベンジャミン・アルトマンやJ・P・モルガンの名を永久に伝えている。また、教会の中には、寄贈者の名を入れたステンド・グラスの窓で飾られているものが多い。大学のキャンパスには、個人の名をつけた建物がよくあるが、この人たちは自分の名前を記憶してもらうために多額の寄付をした場合が多い。

たいていの人は、他人の名前をあまりよく覚えないものだ。忙しくて、覚えるひまがないというのが、その理由である。

いくら忙しくても、フランクリン・ルーズヴェルトよりも忙しい人はいないはずだ。そのルーズヴェルトが、たまたま出会った一介の整備工の名を覚えるために、時間を割いている。

それは、こうだ。クライスラー自動車会社が、両足麻痺で普通の車を運転できなかったルーズヴェルトのために特別の乗用車を製作したことがある。W・F・チェンバレンが、整備工を一人連れて、その車をホワイト・ハウスに届けた。その時の様子を、チェンバレンが、私に宛てた手紙の中で、次のように述べている。

「私は、大統領に、特殊な装置のたくさんついている自動車の操縦法を教えましたが、彼は、私に素晴らしい人間操縦法を教えてくれました。

ホワイト・ハウスにうかがうと、大統領は大変な上機嫌で、私の名を呼んで話しかけてくれましたので、とても気が楽になりました。特に感銘深かったのは、私の説明に心から興味を示してもらえたことです。その車は両手だけで運転できるようになっていました。見物人が大勢集まってきました。大統領は、『これは素晴らしい。ボタンを押すだけで自由に運転できるのだから、たいしたものだ。どういう仕掛けになっているのだろう。分解して中を見てみたいものだ』と言われました。

大統領は、自動車に見とれている人々の前で、私に、『チェンバレンさん、こういう素晴らしい車をつくるには、日頃の努力が大変でしょう。本当に敬服しました』と言って、ラジエーター、バック・ミラー、時計、照明器具、車内装飾、運転席、トランクの中のネーム入りのスーツケースなど、一つ一つ点検して、しきりに感心しておられました。大統領は、私の苦心をすっかり理解してくださったのです。また、大統領は、夫人やパーキンス労働長官など、周囲の人たちにも、この自動車の新しい装置を見せて説明することを忘れませんでした。そして、わざわざ年をとった使用人を呼び寄せると、『ジョージ、この特製のスーツケースは、よく気をつけて取り扱ってもらわなければならんね』と言っておられました。

運転の練習が済むと、大統領は私に向かって、『チェンバレンさん、先ほどから連邦準備銀行の人たちを三十分も待たせているので、今日はこれくらいにしておきましょう』と言われました。

私は、その時、整備工を一人連れていっておりました。ホワイト・ハウスに着いた時、彼も大統領に紹介されましたが、そのあとは黙っていました。大統領は彼の名前を一度しか耳にしなかったわけです。元来が内気なたちで、この男はずっと人の陰に隠れていました。ところが、いよいよ我々が辞去する時になると、大統領はその整備工を探し出し、彼の名を呼んで握手をしながら、礼を言われました。しかも、その言い方は、決して通り一遍のものではなく、心からの感謝があふれていました。私には、それがはっきりとわかりました。

ニューヨークに帰ってから数日後、私は、大統領のサイン入りの写真と礼状を受け取りました。大統領は、こういう時間を、いったいどうして見つけ出すのでしょう。どうも私にはわかりませんし

フランクリン・ルーズヴェルトは、人に好かれる一番簡単で、わかりきった、しかも一番大切な方法は、相手の名前を覚え、相手に重要感を持たせることだということを知っていたのである。ところで、それを知っている人が、世の中に何人いるだろうか。

初対面の人に紹介され、二、三分間しゃべり、さて、さようならをする時になって、相手の名を思い出せない場合がよくあるものだ。

「有権者の名前を覚えること。それが、政治的手腕というものである。それを忘れることは、すなわち、忘れられることである」。これは、政治家の最初に学ぶべきことである。

他人の名前を覚えることは、商売や社交にも政治の場合と同じように、大切である。

ナポレオン三世は、大ナポレオンの甥に当たる人だが、彼は、政務多忙にもかかわらず、紹介されたことのある人の名は全部覚えていると、公言していた。

彼の用いた方法、それは、しごく簡単だ。相手の名前がはっきり聞き取れない場合には、「済みませんが、もう一度言ってください」と頼む。もし、それがよほど変わった名前なら、「どう書きますか」と尋ねる。

相手と話しているうちに、何回となく相手の名を繰り返し、相手の顔や表情、姿などと一緒に、頭の中に入れてしまうように努める。

自分一人になると、早速紙に相手の名を書き、それを見つめて精神を集中し、しっかり覚え込んでしまうと、その紙を破り捨てる。こうして目と耳と、両方を動員して覚え込むのである。

これは、なかなか時間のかかる方法だが、エマーソンの言によると、「よい習慣は、わずかな犠牲を積み重ねることによってつくられる」ものなのである。

名前を覚えて使うことが重要なのは、国王や会社重役だけではない。私たち全員に有効なのだ。インディアナ州のゼネラル・モーターズに勤務するケン・ノッティンガムは、いつも社員食堂で昼食をとっていた。彼は、カウンターの奥で働く女性が常にしかめっ面をしていることに気づいた。

「二時間ほどサンドイッチをつくり続けている彼女にとって、私は人間ではなくただのサンドイッチの一つにすぎなかったようです。私がほしいものを伝えると、彼女は小さな秤でハムを量り、レタス一枚とともにパンにはさんで、ポテトチップを数枚添えて渡してくれました。

次の日も同じ列に並ぶと、彼女は変わらずしかめっ面でした。唯一の違いは、彼女の名札に気づいたことです。私は笑顔で『こんにちは、ユニス』と言い、ほしいものを告げました。すると、彼女は秤で量ることを忘れてハムを何枚も重ね、レタス三枚とともにパンにはさんで、ポテトチップを皿からこぼれるほど盛ってくれました」

私たちは、名前に込められた魔法を意識すべきである。名前は、当人だけが所有するものであり、他の誰のものではないことを認識すべきなのだ。名前によって、その人は他の誰とも違う存在となる。私たちが伝えようとする情報や依頼は、その人の名前とともに伝えることで、特別な意味を持つようになる。給仕から会社重役に至るまで、私たちが他人と接する時、名前は魔法のように作用するのである。

人に好かれる原則❸

名前は、当人にとって、最も快い、最も大切な響きを持つ言葉であることを忘れない。

4 聞き手にまわる

先日、私は、あるブリッジのパーティーに招待された。実は、私はブリッジをやらない。ところが、もう一人、私と同じくブリッジをやらない女性が来ていた。私は、ローウェル・トーマスがラジオに出て有名になる前に、彼のマネジャーをしていたことがある。彼の絵入り旅行記の出版を手伝うために、二人で広くヨーロッパを旅行したことがあったが、それがわかると、この女性は、その話をしてくれという。

「カーネギーさん、あなたが旅行された素晴らしい場所や美しい景色などのお話、ぜひうかがわせてください」

私と並んでソファーに腰をかけると、彼女は、最近夫とともにアフリカの旅から帰ったばかりだと私に告げた。

「アフリカですと」。私は、大きな声を上げた。

「それは、面白い。アフリカは、前からぜひ一度旅行したいと思っていたところです。私はアルジェにたった二十四時間いただけで、アフリカのことは、その他に何も知りません。猛獣のいる地方へいらっしゃいましたか。ほほう、それはよかったですねえ。まったく、うらやましい。一つ、アフリカの話を聞かせてください」

彼女は、たっぷり四十五分間、アフリカの話を聞かせてくれた。私の旅行談を聞かせてくれとは、二度と言わなかった。彼女が望んでいたのは、自分の話に耳を傾けてくれる熱心な聞き手だったのである。

彼女は変わり者なのだろうか。いや、そうではない。ごく普通の人なのである。

たとえば、こういうことがあった。ある日、私はニューヨークの出版社主催のパーティーの席上で、ある有名な植物学者に会った。私は、それまで、植物学者とは一度も話をしたことがなかった。ところが、私は彼の話にすっかり魅せられてしまった。珍しい植物の話、植物の新種をつくり出すいろいろな実験、その他、屋内庭園やありふれたジャガイモに関する驚くべき事実など、聞いているうちに、私は文字どおりひざを乗り出していた。私の家には小さな屋内庭園があり、屋内庭園に関する疑問が二、三あったのだが、彼の話を聞いて、その疑問がすっかり解けた。

私たちはパーティーに出席しており、客は他にも十二、三人あった。だが私は、非礼を顧みず、他の客たちを無視して、何時間もその植物学者と話したのである。

夜も更けてきたので、私は皆に別れを告げた。その時、植物学者はその家の主人に向かって、私のことをさんざんほめちぎり、しまいには、私は〝世にも珍しい話し上手〟だということになってしまった。

話し上手とは、驚いた。あの時、私は、ほとんど何もしゃべらなかったのである。しゃべろうにも、植物学に関してはまったくの無知で、話題を変えでもしない限り、私には話す材料がなかったのだ。もっとも、しゃべる代わりに、聞くことだけは、確かに一心になって聞いた。心から面白いと思って聞いていた。それが、相手にわかったのだ。したがって、相手はうれしくなったのである。こういう聞き方は、私たちが誰にでも与えることのできる最高の賛辞なのである。

「どんなほめ言葉にも惑わされない人間でも、自分の話に心を奪われた聞き手には惑わされる」

これはジャック・ウッドフォードが著書『恋する他人同士』の中で述べた言葉だが、私は話に心を奪われたばかりでなく、〝惜しみなく賛辞を与えた〟のである。

「お話をうかがって、大変楽しかったし、また、とても得るところがありました」

「私もあなたぐらい知識があればよいと思います」

「あなたのお供をして野原を歩きまわってみたいものです」

「ぜひもう一度お会いしたいと思います」

私は、こういった賛辞を口にしたが、すべて心底から出た言葉であった。

だから、実際は、私は単によき聞き手として、彼に話す張り合いを感じさせたにすぎなかったのだが、彼には、私が話し上手と思われたのである。

商談の秘訣について、ハーバード大学の元学長チャールズ・エリオットは、こう言っている。

「商談には特に秘訣などというものはない。ただ、相手の話に耳を傾けることが大切だ。どんなお世辞にも、これほどの効果はない」

エリオット自身、人の話に耳を傾ける名手だった。アメリカ最初の世界的作家ヘンリー・ジェイムズは、次のように述懐している。

「エリオット博士は、人の話を聞く時、ただ耳を傾けるのではなくて、しきりに活動する。まっすぐ背筋を伸ばし、腰をかけたひざの上で両手を組み合わせ、両手の親指を、時には速く、時にはゆっくりと、糸を繰るようにまわしながら、話し手に注目していたが、相手の話は心で受け止め、その一言一言を玩味しながら耳を傾けていたのである。だから、話し手は、すべて言い尽くした満足感を最後には味わった」

これは、まったくわかりきった話だ。別にハーバード大学で四年間学んでいなくても、誰でも知っているはずだ。ところが、高い賃貸料を払い、商品を上手に仕入れ、ウィンドーは人目をひくように飾り立て、宣伝広告に多額の経費を使いながら、肝心の店員は、よき聞き手としてのセンスに欠けた者を雇うデパート経営者がいくらもいる。客の話の腰を折り、客の言葉に逆らって怒らせるなど、客を追い出すに等しいことをする店員を平気で雇っているのだ。

シカゴのあるデパートでは、店員が客の言うことに耳を傾けなかったために、年間数千ドルの買い物をしてくれる得意客を失いそうになった。シカゴで私の講座を受講したヘンリエッタ・ダグラスは、このデパートの特売でコートを一着買った。家に持ち帰って、裏地が破れているのに気づいた。翌日デパートへ行って取り替えてほしいと頼んだが、店員は彼女の説明に耳を貸そうとしなかった。

「これは特売の品でございます。あれをよくお読みください」

店員は、壁に張り出された注意書きを指さして、声高に言った。

「〝返品お断り〟と書いてありますでしょう。お買い求めになった以上、そのままお納め願います。破れた箇所はご自分で修理してください」

「でも、これは、最初から破れていた欠陥商品よ」

「関係ございません。お取り替えはできません」

二度とこんな店に来てやるものかと、心の中でののしりながら、彼女が店を出ようとした時、顔なじみのこの店の支配人が、にこやかに挨拶して近寄ってきた。彼女は事の次第を話した。

支配人は彼女の話を最後まで注意深く聞き、コートを調べて、こう言った。

「特売品は、季節の終わりに在庫品の整理の意味で〝返品お断り〟としてお売りしております。しかし、傷物《きずもの》は例外です。もちろん、この裏地は修理するか、新しいものにつけ替えるかいたします。もしご希望なら、お代金をお返ししてもよろしゅうございます」

何という違いだろう。もし支配人が居合わせず、客の言葉に耳を傾けなかったら、このデパートは長年の上客を失うことになったかもしれない。

家族の話を真剣に聞くことはさらに重要である。しかし、悲しいかな、我々は愛する人よりも初対面の人の話をよく聞く傾向にあるようだ。夫または妻や子供たちが話している時に、ちゃんと聞こうとせず、気のない返事をしてはいないだろうか。恋に燃えている時は、恋人が自分のことを一番理解してくれていると思うものだ。なぜなら恋人は相手の言葉を真剣に聞こうとするからだ。ニューヨークのクロトン・オン・ハドソンに住むミリー・エスポシトは、家族にとって話を聞いてもらうことがどれほど大切かを知っていた。彼女は子供たちが話したがっている時には、いつもしっかり話を聞いてあげることにしていた。ある日の夕方、彼女は息子のロバートと台所で話をしていたが、ロバートがこんなことを言った。

「僕、わかっているよ。お母さんが僕をとても愛してくれているってこと」

彼女は、これを聞いて胸が熱くなった。

「もちろん、とっても愛しているわよ。そうじゃないとでも思ったことがあるの？」

「ううん、お母さんが僕を愛してくれていることはよくわかっている。だって、僕が何かお話ししようとすると、お母さんはきっと自分の仕事をやめて僕の話を聞いてくれるから」

些細なことにも、躍起になって文句を言う人がいる。なかには相当悪質なのもいるが、そういう悪質な連中でも、辛抱強くしかも身を入れて話を聞いてくれる人、いくらいきり立ってコブラのように毒づいても、じっと終わりまで耳を傾けてくれる人に対しては、たいてい大人しくなるものである。

数年前のことだが、こういうことがあった。ニューヨーク電話会社に、顧客サービス担当者泣かせの手に負えない電話加入者がいた。聞くに堪えない悪口雑言を担当者に浴びせるのだ。受話器の線を引きちぎってしまうとおどかしたり、請求書が間違っているといって料金を払わなかったり、新聞に投書したり、あげくの果てには、公益事業委員会に苦情を持ち込んだり、電話会社を相手どって訴訟を起こしたりした。

電話会社では、ついに、社内きっての紛争解決の名人を、この厄介な人物に会いにいかせた。この社員は、相手に思う存分、鬱憤《うっぷん》をぶちまけさせ、その言い分をよく聞いてやり、いかにも、もっともだと同情の色を示した。

それについて、この社員は、こう言っている。

「はじめは、彼がどなり散らすのを、三時間近く、じっと聞いてやりました。その次も、やはり同じで、彼の言い分に耳を傾けました。結局、前後四回会いにいきましたが、四回目の会見が終わる時には、私は、彼が設立を計画している会の発起人になっていました。その会の名称は、電話加入者保護協会というのですが、現在でも私の知る限りでは、彼の他に会員は私一人しかいないようです。

私は相手の言い分を終始相手の身になって聞いてやりました。電話会社社員のこういう態度に接したのは、彼としてははじめてで、私のことを、まるで親友のように扱いはじめました。彼とは四回会いましたが、彼を訪ねた目的については、一言も触れませんでした。しかし、四回目には、目的は完全に達せられていました。滞っていた電話料金も全部払ってくれましたし、委員会への提訴も、取り下げてくれました」

この厄介な男は、苛酷な搾取から大衆を守る戦士をもって自任していたに違いない。だが、本当は、自己の重要感を欲していたのである。自己の重要感を得るために、彼は、苦情を申し立てた。この社員によって重要感が満たされると、彼の妄想がつくり上げた不平は、たちまちにして消えうせたのである。

デトマー社といえば、のちに毛織物の製造販売で世界最大となった会社だが、創立後まだいくらもたたない頃の朝、初代の社長ジュリアン・デトマーの事務所へ一人の顧客がどなり込んできた。

デトマー社長は、その時のことを次のように話してくれた。

「この男は小売業者の一人で、少額の売掛金が残っていた。しかし、当人はそんなはずはないと言い張る。当方では、絶対間違いはない自信があったので、再三督促状を送った。すると、彼は怒って、はるばるシカゴの私の事務所まで駆けつけ、支払いどころか今後デトマー社とはいっさい取引をしないと言い切った。

私は、彼の言い分をじっと我慢して聞いた。途中、何度か言い返そうと思ったが、それは得策でないと思い直し、言いたいことを残らず言わせた。言うだけ言ってしまうと、彼は、興奮も冷め、こちらの話もわかってくれそうになった。そこを見はからって、私は、静かにこう言った。

『わざわざシカゴまでお出かけくださって、何とお礼を申し上げていいかわかりません。本当にいいことをお聞かせくださいました。係の者がそういうご迷惑をあなたにおかけしているとすれば、まだ他のお客さまにも迷惑をかけているかもわかりません。そうだとするとこれは大変なことです。あなたがおいでくださらなくても、私のほうから聞きにあがるべき問題です』

こういう挨拶をされようとは、彼は夢にも思っていなかった。私を懲らしめるためにわざわざシカゴまで乗り込んできたのに、かえって感謝されたのだから、いささか拍子抜けしたに違いない。さらに、私は、こう言った。『私どもの事務員は、何千という取引先の勘定書を扱わねばなりません。ところが、あなたは、几帳面な上に、勘定書は私どもからの分だけに注意していればいいわけで、どうも間違いは、こちらにあるように思います。売掛金の件は取り消させていただきます』

私は、もし私が彼の立場だったら、まったく同じような気持ちになっただろうと言った。彼は私の会社からはもう何も買わないと言っているのだから、私としては、彼に他の会社を推薦することにした。

前から、彼がシカゴに出てくると、いつも昼食をともにしていたので、その日も、彼を昼食に誘った。彼は、渋々私についてきたが、昼食を済ませて事務所まで一緒に帰ってくると、彼はこれまでで最大の注文をしてくれた。機嫌を直して帰っていった彼は、それまでの態度を変えて、もう一度書類を調べ直し、置き忘れていた問題の請求書を発見して、わび状とともに小切手を送ってよこした。

その後、彼の家に男の子が生まれた時、彼はその子にデトマーという名をつけた。そして彼は、死ぬまでの二十二年間、私たちのよき友人であり、よき顧客であり続けた」

昔の話だが、貧しいオランダ移民の男の子が、学校から帰るとパン屋の窓ふきをして家計を助けていた。家が貧しく、毎日籠を持って町の通りで石炭車の落としていった石炭のかけらを拾い集めていた。少年の名はエドワード・ボックといい、学校へは六年足らずしか通わなかったが、後年、アメリカのジャーナリズム史上最も成功した雑誌編集者になった。彼の成功の秘訣は、要するに本章に述べた原理を応用したことである。

十三歳の時、彼は学校をやめてウェスタン・ユニオン電信会社の雑用係に雇われた。彼は向学心に燃えていたので独学をはじめた。交通費を節約し、昼食を抜いてためた金で、『アメリカ伝記事典』を買うと、それを使って前代未聞のことをやった。有名人の伝記を読み、本人に宛てて手紙を書き、少年時代の話を聞かせてほしいと頼んだのだ。彼はよき聞き手であった。有名人に、進んで自己を語らせたのである。当時、大統領選挙に立候補中のジェイムズ・ガーフィールド将軍に手紙を出して、少年時代に運河で舟を引いていたというのは本当の話かと問い合わせた。ガーフィールドからは返事が届いた。彼はユリシーズ・グラント将軍にも手紙を書いた。ある会戦について聞かせてほしいと書いたのであるが、グラント将軍は地図を書いて説明した返事をよこし、この十四歳の少年を夕食に招待して、いろいろと話を聞かせた。

この電信会社のメッセンジャー・ボーイは、やがて多くの有名人と文通するようになった。ラルフ・ワルド・エマーソンをはじめ、裁判官のオリヴァー・ホームズ、詩人のヘンリー・ワーズワース・ロングフェロー、リンカーン夫人、小説家のルイーザ・メイ・オルコットなどが、そのうちに含まれていた。

彼は、これらの有名人と文通しただけではなく、休暇になると、その人たちを訪問して温かい歓迎を受けた。この経験によって得た自信は、彼にとって貴重なものだった。これらの有名人は、この少年の夢と希望を大きくふくらませ、ついには、彼の生涯を一変させてしまった。重ねて言うが、これは、ほかでもない、本章に述べてある原理を応用したにすぎなかったのである。

アイザック・マーカソンは、数多くの有名人にインタビューしてきた記者だが、彼の説によると、好ましい第一印象を与えることに失敗するのは、注意深く相手の言うことを聞かないからだという。

「自分の言おうとすることばかり考えていて、耳のほうが留守になっている人が多い。お偉方は、とかく、話し上手よりも聞き上手な人を好くものだ。しかし、聞き上手という才能は、他の才能よりはるかに得がたいもののようである」

彼はこう言っているが、聞き上手な相手をほしがるのは、何もお偉方だけに限らない、誰でも同じだ。リーダーズ・ダイジェスト誌に、ある時こういうことが載っていた。

「世間には、自分の話を聞いてもらいたいばかりに、医者を呼ぶ患者が大勢いる」

南北戦争の最中、リンカーンは故郷のスプリングフィールドの旧友に手紙を出して、ワシントンへ来てくれと頼んだ。重要な問題について、相談したいというのである。その友人がホワイト・ハウスに着くと、リンカーンは、奴隷解放宣言を発表することが、果たして得策であるかどうか、数時間にわたって話した。自分の意見を述べ終わると、今度は投書や新聞記事を読み上げた。ある者は解放に反対し、ある者は賛成している。こうして数時間の長談義が終わると、リンカーンは友人と握手をし、その意見は一言も聞かずに帰してしまった。はじめから終わりまで、リンカーン一人がしゃべっていたのだが、それですっかり気が晴れたらしい。その友人も、リンカーンは言うだけのことを言ってしまうと、よほど気が楽になったようだと、あとで述べている。リンカーンには、相手の意見を聞く必要はなかったのだ。ただ、心の重荷をおろさせてくれる人、親身になって聞いてくれる人がほしかったにすぎない。心に悩みがある時は、誰でもそうだ。腹を立てている客、不平を抱いている雇い人、傷心の友など、皆よき聞き手をほしがっているのである。

ジグムント・フロイトは、偉大な聞き手であった。かつてフロイトと話す機会のあった人が、次のように説明している。

「フロイトのことは生涯忘れられない。彼には、私がこれまでに会った誰にもない資質が見受けられた。彼の目は穏やかで優しかった。精神分析の時の〝魂を見通す目〟などまったく感じさせない。声は低く、温かで、身ぶりはほとんどない。私の言葉に注意を集中し、下手な言いまわしにも耳を傾け、それなりの評価を与えてくれた。このような聞き方をしてもらえたことが、私にとってどんなに素晴らしい経験だったか、ご想像にまかせる」

人に嫌われたり、陰で笑われたり、軽蔑されたりしたかったら、次の秘訣を守るに限る。「相手の話を、決して長くは聞かない」「終始自分のことだけをしゃべる」「相手が話している間に、何か考えが浮かんだら、すぐに相手の話をさえぎる」

世間には、この秘訣を厳守している人が実在するのを読者は知っているはずだ。私も、不幸にして知っている。

そういう人間は、まったく退屈でやりきれない相手だ。自我に陶酔し、自分だけが偉いと思い込んでいる連中だ。

自分のことばかり話す人間は、自分のことだけしか考えない。長年コロンビア大学の学長を務めたニコラス・バトラー博士は、それについて、こう言っている。

「自分のことだけしか考えない人間は、教養のない人間である。たとえ、どれほど教育を受けても、教養が身につかない人間である」

話し上手になりたければ、聞き上手になることだ。興味を持たせるためには、まず、こちらが興味を持たねばならない。相手が喜んで答えるような質問をすることだ。相手自身のことや、得意にしていることを話させるように仕向けるのだ。

あなたの話し相手は、あなたのことに対して持つ興味の百倍もの興味を、自分自身のことに対して持っているのである。中国で百万人が餓死する大飢饉が起こっても、当人にとっては、自分の歯痛のほうがはるかに重大な事件なのだ。首にできたおできのほうが、アフリカで地震が四十回起こったよりも大きな関心事なのである。人と話をする時には、このことをよく考えていただきたい。

人に好かれる原則❹

聞き手にまわる。

5 関心のありかを見抜く

セオドア・ルーズヴェルトを訪ねた者は、誰でも彼の博学ぶりに驚かされた。ルーズヴェルトは、相手がカウボーイであろうと有名な義勇騎兵隊員であろうと、あるいはまた、政治家、外交官、その他誰であろうと、その人に適した話題を豊富に持ちあわせていた。では、どうしてそういう芸当ができたか。種を明かせば簡単だ。ルーズヴェルトは、誰か訪ねてくる人があるとわかれば、その人の特に好きそうな問題について、前の晩に遅くまでかかって研究しておいたのである。

ルーズヴェルトも、他の指導者たちと同じように、人の心をとらえる近道は、相手が最も深い関心を持っている問題を話題にすることだと知っていたのだ。

随筆家でイェール大学の文学部教授のウィリアム・フェルプスは、幼い頃すでにこのことを知っていた。

彼は『人間性について』と題した随筆の中で、こう書いている。

「私は八歳の頃、フーサトニック河畔のストラトフォードにあるリビー・リンズリー叔母さんのところで週末を過ごしていた。夕方一人の中年の男の客が訪ねてきて、しばらく叔母と愛想よく話し合っていたが、やがて私を相手に熱心に話しはじめた。その頃、私はボートに夢中になっていたので、その人の話がすっかり気に入ってしまった。その人が帰ると、夢中になってその人のことをほめた。『何て素晴らしい人だろう。ボートがあんなに好きな人は素晴らしいよ』

するとと叔母は、あの客はニューヨークの弁護士で、ボートのことは何も知らないし、ボートの話など、ちっとも面白くなかったのだと言った。『じゃあ、なぜ、ボートの話ばかりしたの?』

『それは、あの方が紳士だから。あなたがボートに夢中になっているのを見抜いて、あなたの喜びそうな話をしたのです。気持ちよくあなたのおつきあいをしてくださったの』と、叔母は教えてくれた」

フェルプス教授は、この叔母の話を決して忘れないと書いている。

ボーイ・スカウトの仕事で活躍していたエドワード・チャリフからきた手紙を紹介しよう。

「ある日、私は、人の好意にすがるより他に方法のない問題に直面していました。ヨーロッパで行なわれるスカウトの大会が間近に迫っており、その大会に代表の少年を一人出席させたいのですが、その費用を、ある大会社の社長に寄付してもらおうと思っていたのです。

その社長に会いに出かける直前に、私はいい話を聞きました。その社長が百万ドルの小切手を振り出し、支払い済みになったその小切手を額に入れて飾ってあるというのです。

社長室に入ると、まず私はその小切手を見せてくれと頼みました。百万ドルの小切手なんて、そんなに高額な小切手を振り出した人を、私は知らなかった。社長は喜んでその小切手を見せてくれました。私は感心して、その小切手を振り出したいきさつを詳しく聞かせてもらいたいと頼みました」

読者もお気づきのことと思うが、チャリフは、話のはじめにボーイ・スカウトやヨーロッパの大会、あるいは彼が本心から望んでいることについては、いっさい触れていない。相手が関心を持っていることについて話している。その結果は、次のようになった。

「そのうちに、相手の社長は『ところで、あなたのご用件は、何でしたか』と尋ねました。そこで、私は用件を切り出しました。

驚いたことに、社長は私の頼みを早速引き受けてくれたばかりでなく、こちらが予期しなかったことまで申し出てくれました。私は代表の少年を一人だけヨーロッパへやってくれるように言ったのですが、社長は、五人の少年と、それから私までも行かせてくれました。千ドルの信用状を渡して、七週間滞在してくるようにと言います。彼はまたヨーロッパの支店長に紹介状を書き、私たちの便宜をはかるように命じてくれました。そして彼自身は、私たちとパリで落ちあい、パリの案内をしてくれました。それ以来彼は、私たちのグループの世話を続け、少年たちの親が失業中であれば仕事を与えてくれたことも何度かあります。

それにしても、もし私が彼の関心が何にあるか知らず、最初に彼の興味を呼び起こさなかったとしたら、とても、あんなにたやすくは近づきになれなかったことでしょう」

この方法が、果たして商売に応用できるかどうか、一例として、ニューヨークの製パン会社デュヴェルノワ&サンズ社のヘンリー・デュヴェルノワの場合を取り上げてみよう。

デュヴェルノワは以前からニューヨークのあるホテルに自社のパンを売り込もうと躍起になっていた。四年間毎週、支配人のもとに足を運び続けた。支配人の出席する会合にも同席した。そのホテルの客となって逗留もしてみたが、それも駄目だった。

デュヴェルノワは、その時の努力をこう述べている。

「そこで私は、人間関係の研究をしました。そして、戦術を立て直しました。この男が何に関心を持っているか、つまり、どういうことに熱を入れているかを調べはじめたのです。

その結果、彼はアメリカ・ホテル・グリーター協会の会員であることがわかりました。それもただ会員であるばかりでなく、熱心さを買われて、その協会の会長になり、国際グリーター協会の会長も兼ねていました。協会の大会がどこで開かれようと、飛行機に乗って出席するという熱の入れ方です。

そこで、次の日彼に会って、協会の話を持ち出しました。反応は素晴らしいものでした。彼は目を輝かせて三十分ばかり協会のことを話していました。協会を育てることは、彼にとって無上の楽しみであり、情熱の源になっているらしいのです。そのうちに彼は、私にも入会をすすめにかかりました。

彼と話している間、パンのことはおくびにも出しませんでした。ところが数日後、ホテルの給仕係から電話があって、パンの見本と値段表を持ってくるようにとのことです。

ホテルに着くと、給仕係が『あなたがどんな手を使ったのか知らないが、うちの支配人は、馬鹿にあなたが気に入ったらしいですよ』と私に話しかけました。

考えてもみてください。彼と取引したいばかりに、四年間も追いまわしていたのです。もし、彼が何に関心を持っているか、どんな話題を喜ぶか、それを見つけ出す手数を省いていたとしたら、私はいまだに彼を追いまわしていたことでしょう」

メリーランド州ヘイガーズタウンのエドワード・ハリマンは兵役を終えたあと、メリーランド州の風光明媚なカンバーランド・バレーを選んで住むことにした。だが当時、地元にはほとんど働き口がなかった。会社は数社あるが、いずれもR・J・ファンクハウザーという変わり者が実権を握っていた。この男が貧しい生まれから巨万の富を築くに至った経歴に、ハリマンは興味を持った。ところが、ファンクハウザーは、求職者を寄せつけないことで有名だった。ハリマンは次のように書いている。

「私は人に会っていろいろと聞き出したところ、この人物は、権力と金が最大の関心事だとわかった。彼は求職者を遠ざけるために、忠実で頑固な秘書を置いていた。そこでまず、この秘書がどんなことに関心を持ち、何を目標に暮らしているのか調べ上げてから、はじめて彼女の事務所を連絡なしに訪問した。彼女は、ファンクハウザーのまわりを十五年もまわり続けている衛星のような存在だった。この秘書に、私は『ファンクハウザーさんにとって経済的および政治的に有利な提案があります』と切り出した。案の定、彼女はひざを乗り出してきた。さらに、私は、彼女の協力とファンクハウザーの成功との関係についても、いろいろと話した。このあと、彼女は私のためにファンクハウザーと面談する手はずを整えてくれた。

こうしてファンクハウザーの豪勢な事務室に案内されることになったが、間違っても仕事がほしいなどとは言うまいと心に決めていた。彼は彫刻を施した巨大な机の後ろに座っており、大声でこう言った。『どうしたんだね、君?』『ファンクハウザーさん、あなたは金儲けができますよ』。彼はすぐさま立ち上がって、大きな革張りの椅子を私にすすめた。そこで私は自分の考えを述べた。それを実行する際、私に何ができるか、さらに、それがファンクハウザー個人およびその事業にどう役立つか詳しく説明した。その後、私は彼のことを〝R・J〟と呼ぶようになったのだが、彼はその場で私を採用し、今日まで二十年以上、私は彼の企業の中で成長し、彼も私も繁栄を続けている」

相手の関心を見抜き、それを話題にするやり方は、結局、双方の利益になる。従業員間コミュニケーションの指導者ハワード・ハージグは、常にこの原則を守ってきた。その成果について、ハージグはこう述べている。

「相手次第で成果も違うが、概して言えば、どんな相手と話をしてもそのたびに自分自身の人生が広がる。それが、何よりの成果だ」

デュヴェルノワ、ハリマンなどこの章に登場する人たちは、人間関係の黄金律を見つけたのだ。最も魅力的な会話の達人は、コーンウォールでの野鳥観察の知識であなたに印象づけようとしたり、これから迎える自分の娘の結婚式の詳細を説明してあなたを退屈にさせたりはしない。あなたの興味や意見に合わせて話をしてくれるからこそ、あなたは彼らとの会話を楽しめるし、喜ばない人などいないだろう。

外交官であれ愛人であれ、国王や女王であれ、政治的同盟を結んだり、恋人を口説いたり、富を築くための手段として、歴史を通じてこの原則を応用してきたのである。あなたもこの原則を応用すれば、話し手と聞き手の双方に利益がある。相手はあなたとの会話を心から楽しむであろう。またあなたも、誰かと話をするたびに自分の人生を広げることができるのである。

人に好かれる原則❺

相手の関心を見抜いて話題にする。

6 心からほめる

ニューヨークの八番街三十三丁目にある郵便局で、私は書留郵便を出すために行列をつくって順番を待っていた。窓口の局員は、来る日も来る日も、郵便物の計量、切手と釣銭の受け渡し、領収書の作成など、決まりきった仕事に飽き飽きしている様子だった。そこで、私は考えた。

「一つ、この局員が私に好意を持つようにやってみよう。そのためには、私のことではなく、彼のことで、何か優しいことを言わねばならない。彼について私が本当に感心できるものは、いったい何だろう」

これはなかなか難しい問題で、ことに相手が初対面の人では、なおさら容易でない。だが、この場合には、偶然それがうまく解決できた。実に見事なものを、見つけ出せたのである。

彼が私の封筒の重さを量っている時、私は、心を込めて、こう言った。

「美しいですねえ、あなたの髪の毛、うらやましいです」

驚きをまじえて私を見上げた彼の顔は、微笑みをたたえていた。

「いやあ、近頃はすっかり駄目になりました」

彼は謙遜してそう言った。

以前はどうだったか知らないが、とにかく見事だと、私は心から感心して言った。彼の喜びようは大変なものだった。さらに二言三言愉快に話し合ったが、最後に彼は「実は、いろんな人がそう言ってくれます」と本音を吐いた。

その日、彼はうきうきとした気持ちで、昼食に出かけたことだろう。家に帰って妻にも話しただろう。鏡に向かって「やっぱり、素晴らしい」とひとりごとを言ったに違いない。

この話を、ある時、私は公開の席上で持ち出した。すると、そのあとで、「それで、あなたは、彼から何を期待していたのですか」と質問した者がいる。

私が何かを期待していたとは、何たることを言うのだろう。

他人を喜ばせたり、ほめたりしたからには、何か報酬をもらわねば気が済まぬというようなけちな考えを持った連中は、当然、失敗するだろう。

いや、実は、私もやはり報酬を望んでいたのだ。私の望んでいたのは、金では買えないものだ。そして、確かにそれを手に入れた。彼のために尽くしてやり、しかも彼には何の負担もかけなかったというすがすがしい気持ちが、それだ。こういう気持ちは、いつまでも楽しい思い出となって残るものなのである。

人間の行為に関して、重要な法則が一つある。この法則に従えば、たいていの紛争は避けられる。これを守りさえすれば、友は限りなく増え、常に幸福が味わえる。だが、この法則を破ったとなると、たちまち、果てしない紛争に巻き込まれる。この法則とは。

「常に相手に重要感を持たせること」

すでに述べたように、ジョン・デューイは、重要人物たらんとする欲求は人間の最も根強い衝動だと言っている。また、ウィリアム・ジェイムズは、人間性のうちで最も強いものは、他人に認められたいという願望だと断言している。この願望が人間と動物とを区別するものであることはすでに述べたとおりだが、人類の文明も、人間のこの願望によって進展してきたのである。

人間関係の法則について、哲学者は数千年にわたって思索を続けてきた。そして、その思索の中から、ただ一つの重要な教訓が生まれてきたのである。それは決して目新しい教訓ではない。人間の歴史と同じだけ古い。二千五百年前のペルシアで、ゾロアスターはこの教訓を拝火教徒に伝えた。二千四百年前の中国では、孔子がそれを説いた。道教の開祖、老子もそれを弟子たちに教えた。キリストより五百年早く、釈迦は聖なる川ガンジスのほとりで、これを説いた。それよりも千年前に、ヒンズー教の聖典に、これが説かれている。キリストは千九百年前にユダヤの岩山で、この教えを説いた。キリストは、世の中で最も重要な法則と言える次の言葉で説いた。

「人にしてもらいたいと思うことを、人にもしなさい」

人間は、誰でも周囲の者に認めてもらいたいと願っている。自分の真価を認めてほしいのだ。

小さいながらも、自分の世界では自分が重要な存在だと感じたいのだ。見えすいたお世辞は聞きたくないが、心からの賞賛には飢えているのだ。周囲の者から、チャールズ・シュワブの言うように〝心から賛成し、惜しみなく賛辞を与え〟られたいと、私たちは皆そう思っているのだ。

だから、あの〝黄金律〟に従って、人にしてもらいたいことを、人にしてやろうではないか。

では、それを、どういう具合に、いつ、どこでやるか。いつでも、どこででも、やってみることだ。

一例を挙げてみる。私はラジオ・シティーの案内係に、ヘンリー・スーヴェインの事務所の部屋番号を尋ねたことがある。きちんとした制服を身にまとったその案内係は、自分の職務に誇りを持った態度で、はっきりとわかりやすい口調でこう答えてくれた。「ヘンリー・スーヴェイン様でございますね。（少し間を置いて）十八階（少し間を置いて）一八一六号室でございます」

部屋番号を聞くと私はエレベーターへと急いだが、立ち止まって案内係の元に戻り、こう告げた。「私の質問に対するあなたの対応はたいしたものです。とてもはっきりと、正確にお答えいただいた。まことに芸術的でしたよ。なかなかできるものではありません」

彼はうれしそうに目を輝かせながら、言葉と言葉の間に少し間を置くことではっきりと正確に相手に伝えることができると説明してくれた。私のほんの二、三言が彼の自尊心をくすぐったようだ。そうして私は十八階に向かったが、この日の午後、人の幸せの総量を少しだけ増やせたような気がした。

この賞賛の哲学は、外交官や地域集会の会長になるまでは、応用の道がないなどというものではない。日常に応用して大いに魔術的効果を収めることができる。

たとえば、レストランで、給仕がフライドポテトの注文を間違えてマッシュポテトを持ってきた時、「面倒をかけて済みませんが、私はフライドポテトのほうがいいんです」と丁寧に言えば、給仕は快く取り替えてくれる。相手に敬意を示したからだ。こういう丁寧な思いやりのある言葉遣いは、単調な日常生活の歯車に差す潤滑油の働きをし、同時に、育ちのよさを証明する。

もう一つ例を挙げよう。ホール・ケインは『キリスト教徒』『マン島の裁判官』『マン島の男』など、二十世紀のはじめ頃、次々とベストセラーになった小説を書いた有名な作家だが、もともと鍛冶屋の息子だった。学校には八年そこそこしか行かなかったが、しまいには世界でも指折りの富裕な作家になった。

ホール・ケインは、十四行詩や物語詩が好きで、イギリスの詩人ダンテ・ガブリエル・ロセッティに傾倒していた。その結果、彼はロセッティの芸術的功績をたたえた論文を書き、その写しをロセッティに送った。ロセッティは喜んだ。

「私の能力をこれほど高く買う青年は、きっと素晴らしい人物に違いない」

ロセッティは、おそらくそう思ったのだろう、この鍛冶屋の息子をロンドンに呼び寄せて、自分の秘書にした。これがホール・ケインの生涯の転機となった。この新しい職につくと、当時の有名な文学者たちと親しく交わることができ、その助言や激励を得て、ホール・ケインは新しい人生へ船出し、のちには文名を世界に馳せることになったのである。

マン島にある彼の邸宅グリーバ城は、世界の隅々から押し寄せる観光客の聖地となった。彼の残した資産は、数百万ドルにのぼったが、もし有名な詩人に対する賛美の論文を書かなかったとしたら、彼は貧しい無名の生涯を送ったかもしれない。

心からの賞賛には、このようなはかり知れない威力がある。自分は重要な存在だと思うように仕向けてくれる人が誰かいたら、おそらく大勢の人の人生が変わるのではないかと思われる。

私は〝あなたは重要な存在だ〟と、この教訓を記した標示板をつくり、皆の目につくように、また、私自身が、生徒はそれぞれ等しく重要な存在であることを常に忘れないように、教室の入口に掲げた。

人は誰でも他人より何らかの点で優れていると思っている。だから、相手の心を確実につかむ方法は、相手が相手なりの世界で重要な人物であることを率直に認め、そのことをうまく相手に悟らせることだ。

エマーソンが、どんな人でも自分より何らかの点で優れており、学ぶべきところを備えていると言ったことを思い出していただきたい。

ところが哀れなのは、何ら人に誇るべき美点を備えず、そのことからくる劣等感を、鼻持ちのならぬうぬぼれや自己宣伝で紛らそうとする人たちである。シェイクスピアは、そのあたりの事情を「傲慢不遜《ごうまんふそん》な人間め。取るに足りぬ権威を振りかざし、天使をも泣かせんばかりのごまかしをやってのける」と表現している。

賞賛の原則を応用して成功を収めた人たちを紹介しよう。いずれも私の講習会の受講者である。まず、コネティカットの弁護士の話だが、本人は親戚がいるから名を伏せてほしいというので、仮にR氏としておこう。

私の講習会に参加して間もなく、R氏は、夫人と一緒にロング・アイランドへ、夫人の親戚を訪問に出かけた。年とった叔母の家に着くと、夫人はR氏に叔母の相手をさせ、自分は他の親類の家へ行ってしまった。R氏は、賞賛の原則を実験した結果を講習会で報告することになっていたので、まずこの年老いた叔母に試してみようと思った。そこで彼は、心から感心することができるものを見つけようと家の中を見まわした。

「この家は一八九〇年頃に建てたのでしょうね」

彼が尋ねると、叔母が答えた。

「そう、ちょうど一八九〇年に建てましたの」

「私の生まれた家も、ちょうどこういう家でした。立派な建物ですね。なかなかよくできています。広々としていて。このごろでは、こういう家を建てなくなりましたね」

それを聞くと、叔母は、我が意を得て、うれしそうに相づちを打った。

「本当にそうですよ。このごろの若い人たちは、家の美しさなんてものには、まるで関心を持たないんですからねえ。小さなアパートと、それから、遊びまわるために自家用車というのが、若い人たちの理想なんでしょう」

昔の思い出を懐かしむ響きが、彼女の声に加わってきた。

「この家は、私にとっては夢の家です。この家には愛がこもっています。この家が建った時、主人と私との長い間の夢が実現されたのです。設計は建築家に頼まず、私たちの手でしました」

それから彼女は、R氏を案内して家の中を見せた。彼女が旅行の記念に求めて大切にしている美しい収集品を見たR氏は、心から賛嘆の声を上げた。ペイズリー織のショール、古いイギリス製の茶器、ウェッジウッドの陶器、フランス製のベッドと椅子、イタリアの絵画、フランスの貴族の館に飾られてあったという絹の掛布などが、そのうちに含まれていた。

家の中の案内が済むと、叔母は、R氏を車庫へ連れていった。そこには、新品に等しいパッカードが一台、ジャッキで持ち上げたままになっていた。それを指さして、叔母が静かに言った。

「主人がなくなるちょっと前に、この車を買ったのですが、私は、この車に乗ったことがありません。あなたは物のよさがわかる方です。私は、この車をあなたに差し上げようと思います」

「叔母さん、それは困ります。もちろん、お気持ちはありがたいと思いますが、この車をいただくわけにはいきません。私はあなたと血のつながりがあるわけではありませんし、自動車なら、私も最近買ったばかりです。このパッカードをほしがっている近親の方は大勢おいでになるでしょう」

R氏が辞退すると、叔母は叫んだ。

「近親？　確かにいますよ。この車がほしくて、私の死ぬのを待っているような近親がね。だけど、そんな人たちにこの車はあげませんよ」

「それなら、中古車店へお売りになればいいでしょう」

「売る？　私がこの車を売るとお思いですか。どこの誰ともわからない人に乗りまわされて、私が我慢できるとお考えですか。この車は主人が私のために買ってくれた車ですよ。売るなんてことは、夢にも思いません。あなたに差し上げたいのです。あなたは美しい物の値打ちがおわかりになる方です」

R氏は何とか彼女の機嫌を損なわずに断ろうとしたが、とても、そんなことはできない相談だった。

広い屋敷にただ一人で、思い出を頼りに生きてきたこの老婦人は、わずかな賞賛の言葉にも飢えていたのだ。彼女にも、かつては若くて美しく、人に騒がれた時代があった。愛の家を建て、ヨーロッパの各地から買い集めてきた品で部屋を飾ったこともあった。ところが、今や老いの孤独をかこつ身となり、ちょっとした思いやりや賞賛がよほど身にしみるのだろう。しかも、それを誰も与えようとしないのだ。だから彼女は、R氏の理解ある態度に接すると、砂漠の中で泉を見つけたように喜び、パッカードをプレゼントしなければ気が済まなかったのだ。

どんなに重要人物でも、成功者でも、人から関心を寄せられて喜びを感じない人はいない。ドナルド・マクマホンの話もそのことを証明している。ニューヨーク州ライにあるルイス&ヴァレンタイン造園会社で管理人を務めるマクマホンの経験は、こうだ。

「講習会で〝人を動かす法〟の話を聞いてから間もなく、私は、ある有名な法律家の屋敷で庭づくりをしていた。するとその家の主人が庭に出てきて、シャクナゲとツツジの植え場所を指図した。

私は彼に向かって、『先生、お楽しみですね、あんなに立派な犬をたくさんお飼いになっていて。マディソン・スクェア・ガーデンの犬の品評会で、お宅の犬がたくさんほうびをもらったそうですね』と話しかけた。

このちょっとした賛辞の反響には、驚いた。

主人は、うれしそうに『そりゃあ君、とても楽しいものだよ。一つ犬小屋へ案内しようかね』と言い出した。

一時間ばかりも彼は自慢の犬や賞牌を次々と見せ、そのうちに、血統書まで持ち出してきて、犬の優劣を左右する血統について説明してくれた。

最後に、彼が『君の家には男の子がいるかね』と尋ねるので、いると答えると、『その坊やは、子犬が好きかね』と聞く。『ええ、そりゃもう、とても好きですよ』と答えた。すると、彼は、『よろしい、一匹、坊やに進呈することにしよう』と言い出した。

彼は、子犬の育て方を説明しはじめたが、ちょっと考えて『口で言っただけじゃ忘れるかもしれんね。紙に書いてあげよう』と言い残して、家の中に入っていった。そして血統書と飼い方をタイプしたものとを添えて、買えば数百ドルもする子犬をくれた。それればかりでなく、彼の貴重な時間を一時間十五分も割いてくれたわけだ。これが、彼の趣味とその成果に対して送った率直な賛辞の産物だった」

　コダック社の創業者として有名なジョージ・イーストマンは、映画にとって不可欠な透明フィルムを発明し、巨万の富を築いた世界有数の大実業家である。それほどの大事業を成し遂げた人でも、なお、我々と同じように、ちょっとした賛辞に大変な感激ぶりを見せたのである。

　その話を紹介しよう。イーストマンはロチェスターに、イーストマン音楽学校とキルボーン・ホールとを建築中だった。ニューヨークの高級椅子製作会社のジェイムズ・アダムソン社長は、この二つの建物の劇場用座席の注文を取りたいと思っていた。そこでアダムソンは建築家に連絡をとり、イーストマンとロチェスターで会うことになった。

　アダムソンが約束の場所に着くと、その建築家が彼に注意した。

「あなたは、この注文をぜひとも取りたいのでしょう。もしあなたがイーストマンの時間を五分間以上とるようなことをすると、成功の見込みは、まずありません。イーストマンはなかなかのやかまし屋で、規律に厳しくとても忙しい人ですから、手早く切り上げるに限ります」

　アダムソンは、言われたとおりにするつもりだった。

　部屋に通されると、イーストマンは机に向かい、山と積まれた書類に目を通していた。やがてイーストマンは、顔を上げて眼鏡を外すと、建築家とアダムソンのほうへ歩み寄って声をかけた。

「おはよう。で、お二人のご用件は？」

建築家の紹介で挨拶が済むと、アダムソンはイーストマンに向かって言った。

「先ほどから私は、この部屋の立派な出来に感心していました。こういう立派な部屋で仕事をするのは、ずいぶん楽しいでしょうね。私は室内装飾が専門ですが、今までこれほど立派な部屋を見たことがありません」

イーストマンが答えた。

「なるほど、そう言われてみると、この部屋ができた当時のことを思い出します。なかなかいい部屋でしょう。できた当座は私もうれしかったのですが、近頃では忙しさに取り紛れて、何週間もこの部屋のよさを忘れていることがあります」

アダムソンは、羽目板に近づき、それをなでながら言った。

「これはイギリス樫ですね。イタリア樫とはちょっと木目が違います」

すると、イーストマンは答えた。

「そうです、イギリスから輸入したものです。高級木材を専門に扱う友人が選んでくれたのです」

そしてイーストマンは、部屋の均整、色彩、手彫りの装飾、その他、彼自身の工夫した箇所など、いろいろとアダムソンに説明して聞かせた。

二人は、手の込んだ部屋の造作を見ながら歩きまわっていたが、窓のところで立ち止まった。イーストマンが、社会事業として自分の建てた諸施設について、物やわらかな調子で控え目に話し出したのである。ロチェスター大学、総合病院、ホメオパシー（同毒療法）病院、友愛ホーム、小児病院などの名が挙げられた。アダムソンは、イーストマンが人類の苦痛を軽減するために彼の財力を活用している理想主義的なやり方について、心から賛意を表わした。やがてイーストマンは、ガラスのケースを開けて、彼が最初に手に入れたという写真機を取り出した。あるイギリス人から買い取った発明品である。

アダムソンは、イーストマンが事業をはじめた頃の苦労について質問した。するとイーストマンは、貧乏な少年時代を回顧して、寡婦《かふ》の母が安下宿屋を経営し、自分が保険会社に勤めていたことなど、実感を込めて話した。貧困の恐怖に日夜つきまとわれていた彼は、何とかして貧乏を切り抜け、母親が働かなくても済むだけの金を稼ごうと決心したという。アダムソンはなおも質問を続け、写真乾板の実験をしていた頃の話に耳を傾けた。事務所で一日中、働き続けたこと、薬品が作用するわずかな時間を利用して仮眠をとりながら夜どおし実験したこと、時には七十二時間、眠る時も働く時も着のみ着のままで過ごしたことなど、イーストマンの話は尽きなかった。

アダムソンが最初イーストマンの部屋に入ったのは十時十五分で、五分間以上、手間取っては駄目だと言われていた。ところが、すでに一時間も二時間も経過している。それでもまだ話が尽きないのだ。

最後に、イーストマンがアダムソンに向かってこう言った。

「この前、日本へ行った時、椅子を買ってきて家のポーチに置きました。ところが、日に当たって塗装がはがれたので、この間、ペンキを買ってきて自分で塗り替えました。どうです、私のペンキ塗りの腕前を見てくれませんか。じゃあ、一度、家のほうへいらしてください。昼食のあとでごらんに入れましょう」

昼食後、イーストマンは、アダムソンに椅子を見せた。数ドルもしないような椅子で、およそ億万長者に似つかわしくない代物だが、自分でペンキを塗ったというのが自慢なのだ。

九万ドルに及ぶ座席の注文は、果たして誰の手に落ちたか。それは、言うまでもあるまい。その時以来、イーストマンとジェイムズ・アダムソンとは、生涯の親友になった。

この賞賛という魔法の原則をどこで試してみるのがよいだろう。まずは今すぐに家庭ではじめてみてはいかがだろうか。なぜなら、家庭ほど賞賛が必要とされ、またはなおざりにされている場所はないからだ。あなたの夫または妻にもよい点はいくつかあるはずだ。少なくともかつて一度はそう思ったであろうし、さもなければ相手と結婚をしなかっただろう。あなたは結婚相手の魅力を賞賛してから、どのくらい時間がたっているだろう。

今夜でも、明日の夜でもよい。あなたの妻または夫とお気に入りの場所で食事をしたり、特別なもてなしをして相手を驚かせてみてはどうだろう。だが、決して「そうすべきだと思ったから」と言ってはいけない。ただ行動するのである。そして、笑顔で愛情に満ちた温かな言葉を相手に贈るのだ。

ところで、誰かをあなたとの恋に落とさせる方法を知りたくはないだろうか。ある秘訣を紹介しよう。これは実によい方法である。この秘訣は、私の発案ではなく、偉大なジャーナリストである新聞コラムニストのドロシー・ディックスから聞いたものだ。彼女はかつて、有名な重婚者の男を取材したことがある。この男は二十三人もの女性の心と財産をすべて手に入れたのだ（この取材は刑務所の中で行なわれたことをお伝えしておく）。彼女がこの男にどんな方法で女性たちの心を射止めたのかと尋ねると、「特別な秘訣なんて何もない」「相手のことだけをひたすら話すだけだ」と男は答えたという。

これは世の男性にも有効な方法だ。「人と話をする時は、その人自身のことを話題にせよ。そうすれば、相手は何時間でもこちらの話を聞いてくれる」とは、大英帝国の史上最高に明敏な政治家の一人、ディズレーリの言葉である。

だから、人に好かれたいなら、次の原則を使うとよい。

人に好かれる原則❻

重要感を持たせる。心からの賞賛を込めて。

PART 2 まとめ

人に好かれる原則❶	誠実な関心を寄せる。
人に好かれる原則❷	笑顔で接する。
人に好かれる原則❸	名前は、当人にとって、最も快い、最も大切な響きを持つ言葉であることを忘れない。
人に好かれる原則❹	聞き手にまわる。
人に好かれる原則❺	相手の関心を見抜いて話題にする。
人に好かれる原則❻	重要感を持たせる。心からの賞賛を込めて。

PART

3

人を説得する十二原則

1 議論を避ける

　第一次世界大戦直後のこと、私はある夜、ロンドンで貴重な教訓を得た。当時、私は、サー・ロス・スミスのマネジャーをしていた。ロス・スミスは、大戦中パレスチナの空中戦に輝かしい武勲を立てたオーストラリアの空の勇士で、終戦直後、三十日間で世界半周飛行の偉業を成し遂げ、世界を驚かせた人である。当時としては破天荒の試みで、一大センセーションが巻き起こった。オーストラリア政府は彼に五万ドルの賞金を与え、イギリス国王は彼をナイトに叙し、彼は大英帝国の話題の中心となった。ある夜、彼のお祝いのパーティーに、私も出席していた。皆がテーブルについた時、私の隣にいた男が〝人間が荒けずりをし、神様が仕上げをしてくださる〟という引用句に関係のある面白い話をした。

　その男は、これは聖書にある文句だと言った。しかし、それは間違いで、私はその出典をよく知っていた。そこで、私は自己の重要感と優越感を満たすために、彼の誤りを指摘する憎まれ役を買って出た。

「何、シェイクスピアの文句？　そんなはずはない。馬鹿馬鹿しい。聖書の言葉だよ。これだけは間違いない」

彼は大変な剣幕でそう言い切った。その男は、私の右側に座っていたのだが、左側には私の昔からの友人フランク・ガモンドが座っていた。ガモンドはシェイクスピア研究を長年続けてきた人だったので、ガモンドの意見を聞くことになった。ガモンドは双方の言い分を聞いていたが、テーブルの下で私の足をそっと蹴って、こう言った。

「デール、君のほうが間違っているよ。あちらの方のほうが正しい。確かに聖書からだ」

その晩、パーティーからの帰り道で、私はガモンドに向かって言った。

「フランク、あれはシェイクスピアからだよ。君はよく知っているはずじゃないか」

「もちろんそうさ。〝ハムレット〟の第五幕第二場の言葉だよ。だがね、デール、僕たちは、めでたい席に招かれた客だよ。なぜあの男の間違いを証明しなきゃならんのだ。証明すれば相手に好かれるかね。相手の面目のことも考えてやるべきだよ。まして相手は君に意見を求めはしなかっただろう。君の意見など聞きたくなかったのだ。議論などする必要がどこにある。どんな場合にも鋭角は避けたほうがいいんだ」

この友人は私に生涯忘れられない教訓を与えてくれた。私は面白い話を聞かせてくれた相手に気まずい思いをさせたばかりか、友人まで巻き込んで当惑させてしまったのだ。議論などしないほうがどれほどよかったかわからない。

生来私は大変な議論好きだったので、この教訓は実に適切だった。若い頃、私は世の中のあらゆるものについて兄と議論した。大学では論理学と弁論を研究し、討論会に参加した。ミズーリ出身者らしく、おそろしく理屈っぽくて、証拠を目の前につきつけられるまでは、めったに降参しなかった。やがて私は、ニューヨークで討論と話し方を教えることになった。今から考えると冷や汗が出るが、その方面の書物を書く計画を立てたこともある。その後、私は、あらゆる場合に行なわれる議論を傾聴し、自らも加わってその効果を見守ってきた。その結果、議論に勝つ最善の方法は、この世にただ一つしかないという結論に達した。その方法とは、議論を避けることだった。毒ヘビや地震を避けるように議論を避けるのだ。

議論は、ほとんど例外なく、双方に、自説をますます正しいと確信させて終わるものだ。

議論に勝つことは不可能だ。もし負ければ負けたのだし、たとえ勝ったにしても、やはり負けているのだ。なぜかと言えば、仮に相手を徹底的にやっつけたとして、その結果はどうなる。やっつけたほうは大いに気をよくするだろうが、やっつけられたほうは劣等感を持ち、自尊心を傷つけられ、憤慨するだろう。そして、

「議論に負けても、その人の意見は変わらない」

ずっと前のことだが、私の講習会にパトリック・オヘアという男が参加した。あまり教育を受

けていないが大変な議論好きだった。以前はおかかえの運転手だった。トラックのセールスマンを志して、やってみたが、うまくいかないので、講習にやってきたというわけである。二、三質問してみると、いつも客に議論を吹っかけたり、逆らったりしていたことがわかった。売り込もうとしているトラックにちょっとでも客がけちをつけると、おそろしくいきり立った。そして、議論をすると、たいてい相手に勝てた。彼は、のちにこう述懐している。

「相手の事務所を引き揚げる時、『どうだ、参ったろう』とひとりごとを言ったものです。確かに参らせたのですが、トラックは一台も買わせてはいませんでした」

私の最初の仕事は、彼に話し方を教えることではなく、彼を黙らせて議論をさせないようにすることだった。

そのオヘアが、今ではニューヨークのホワイト・モーター社の花形セールスマンとなっている。そのやり方を、彼の言葉によって紹介しよう。

「今、仮に私が売り込みにいって、相手から『ホワイトのトラック？　あれは駄目だ。ただでくれてもお断りだ。買うなら○○社のトラックにするよ』と言われたとする。『ごもっともです。まったく○○社のトラックはいいですからね。あれは、お買いになって間違いはありません。会社は立派だし、販売係も皆いい人ばかりです』と私は答える。

これには、相手も二の句が継げない。議論の余地がないわけだ。相手が○○社は一番よいと言い、こちらがそのとおりだと答えるのだから、相手には言うことがなくなる。こちらが同意しているのに、まだそのうえ『○○社が一番だ、一番だ』と一日中言い続けるわけにはいくまい。そこで、今度は話題を変えて、ホワイト社のトラックの長所について話しはじめるのである。

昔の私なら、こんなことを言われると、すぐむきになって、○○社のこきおろしをやりはじめる。私がむきになればなるほど、相手は○○社の肩を持つ。肩を持っているうちに、こちらの競争相手の製品がますますよく思えてくる。

今から考えると、あんなことで、よくも商売になったものだと、我ながら不思議なくらいだ。私は長年、議論と喧嘩で損を続けていたのだ。しかし、今はしっかりと口をつぐんでいる。おかげで商売は繁盛する」

ベンジャミン・フランクリンはよくこう言っていた。

「議論したり反駁《はんばく》したりしているうちには、相手に勝つようなこともあるだろう。しかし、それはむなしい勝利だ。相手の好意は絶対に勝ち得られないのだから」

だから、ここでよく考えていただきたい。理論闘争の華々しい勝利を得るのがよいか、それとも相手の好意を勝ち得るのがよいか。この二つは、めったに両立しないのである。

ボストン・トランスクリプト紙に、ある時、次のようなふざけた詩が出ていたが、なかなか意味深長だ。

「ここに　ウィリアム・ジェイ　とこしえに　眠る。

正しきが上にも正しき道を歩みて　眠る。
正しからざる道を歩みし者と同じく　眠る」

正しきが上にも正しき議論をいくらしたところで、相手の心は変えられない。その点、正しからざる議論をするのと、何ら違いはない。ウッドロー・ウィルソン内閣で財務長官だったウィリアム・マカドゥーは、混迷する政治活動を通して得た教訓を、次のように述べている。「いくら議論しても無知な人間を打ち負かすことはできない」

無知な人間とは、マカドゥーもずいぶんと控え目に言ったものだ。私の経験からすると、知能指数に関係なく、どんな人間でも言葉による闘いで相手の考えを変えさせるのはほぼ不可能である。

所得税の顧問をやっているフレデリック・パーソンズという男が、ある時、税務調査官と一時間にわたって議論を闘わせていた。九千ドルの一項目が問題になったのだ。パーソンズの言い分は、この九千ドルは事実上貸し倒れで、回収不能であるから、課税の対象にされるべきではないと言うのである。

「貸し倒れだと。馬鹿馬鹿しい。当然、課税の対象になるよ」

調査官は、どうしても承知しない。

その時の話を、パーソンズは、私の講習会で公開した。

「その調査官は冷酷、傲慢、頑迷で、いくら理由を述べようと、事実を並べようと、全然受けつけない。議論をすればするほど意地になる。そこで私は、議論をやめて話題を変え、相手を賞賛することにした。

私は、『本当に、あなたのお仕事は大変ですね。この問題などはほんの些細なもので、もっともっと重要な難しい仕事をなさっているのでしょう。私も商売がら税金の勉強をしていますが、私のは、書物から得た知識にすぎません。あなたは実際の経験から知識を得ていらっしゃる。私も、あなたのような仕事につけばよかったと思うことがよくあります。きっといい勉強になるでしょう』と言ったが、それは、私の本心でもあった。

すると調査官は、ゆったりと椅子にかけ直して、得々と自分の仕事について長談義をはじめた。自分の摘発した巧妙な脱税事件の話をするうちに、その口調も、だんだんと打ち解けてきた。しまいには、自分の子供のことまで私に話して聞かせた。帰りがけに彼は、問題の項目をよく考えた上で、二、三日中に返事をしようと言い残した。

三日後、彼は私の事務所にやってきて、税金が申告どおりに決定したことを伝えた」

この調査官は、人間の最も普遍的な弱点をさらけ出して見せたのである。彼は重要感を欲したのだ。パーソンズと論争している間は、権威を振りまわすことによって重要感を得ていた。ところが、自分の重要性が認められて議論が終わり、自我を広げられると、たちまちにして彼は、思いやりのある親切な人間に変わったのだ。

釈尊いわく、「憎しみは、憎しみをもってしては永久に消えない。愛をもってしてはじめて消える」

誤解は、議論をもってしては永久に解けない。気転、外交性、慰め、いたわり、そして、相手の立場で同情的に考える思いやりをもってして、はじめて解ける。

リンカーンはある時、同僚と喧嘩ばかりしている青年将校をたしなめたことがある。

「自己の向上を心がけている者は、喧嘩などするひまがないはずだ。おまけに、喧嘩の結果、不機嫌になったり自制心を失ったりすることを思えば、いよいよ喧嘩はできなくなる。こちらに五分の理しかない場合には、どんなに重大なことでも、相手に譲るべきだ。百パーセントこちらが正しいと思われる場合でも、小さいことなら譲ったほうがよい。細道で犬に出会ったら、権利を主張して噛みつかれるよりも、犬に道を譲ったほうが賢明だ。たとえ犬を殺したとて、噛まれた傷は治らない」

ニュージャージー州フェアフィールドのエコノミック・プレス社が出版した『片々録』と題した本に、意見の不一致から口論が生じないようにする方法が書いてある。

〝意見の不一致を歓迎せよ〟――「二人の人間がいて、いつも意見が一致するなら、そのうちの一人はいなくてもいい人間だ」という言葉を銘記すべきだ。思い及ばなかった点を指摘してくれる人がいたら感謝しなければならない。この指摘は、重大な失敗をあらかじめ防ぐきっかけをつくってくれているのだ。

〝最初に頭をもたげる自己防衛本能に押し流されてはならない〟――不快な状況に直面した時、まず現われてくるのは、自分の立場を守ろうとする本能だ。気をつけねばならない。冷静に構え、最初の反応を警戒する必要がある。あなたの最悪の人柄が突出し、最善の人柄が隠れてしまうかもしれないのだ。

〝腹を立ててはいけない〟――何に腹を立てるか、それで人間の大きさが決まってくる。

〝まず相手の言葉に耳を傾けよ〟――相手に意見を述べさせ、最後まで聞く。逆らったり、自己弁護したり、争論したりすれば、相手との障壁は高まるばかりだ。相互理解の橋を架ける努力こそ大切で、誤解の障壁をかさ上げするなど愚の骨頂である。

〝意見が一致する点を探せ〟――相手の主張を聞いたら、まず賛成できる点を話す。

〝率直であれ〟――自分が間違っていると思う点を探し、率直にそれを認めて謝る。それで、相手の武装が解け、防衛の姿勢がゆるむ。

〝相手の意見をよく考えてみる約束をし、その約束を実行せよ〟――相手のほうが正しいかもしれない。自分の言い分を通すのに急なあまり、あとになって「あの時言ったのに、こちらの言うことを聞こうとしなかったではないか」などと言われるはめになるより、はじめに相手の主張をよく考えてみる約束をしたほうが、はるかに事は簡単だ。

〝相手が反対するのは関心があるからで、大いに感謝すべきだ〟――わざわざ時間をかけて反対意見を述べてくれるのは、あなたと同じ事柄に関心を持っている証拠だ。相手はあなたの手助けをしたいと願っているのだと考えよ。そうすれば、論敵は味方になる。

〝早まった行動を避け、双方がじっくり考え直す時間を置け〟――たとえば、のちほどもう一度話し合って、問題点を総ざらえしてみようと提案せよ。この話し合いのために、次のような質問を自分に向けてみることだ。

相手のほうが正しいのではないか。少なくとも正しい部分もあるのではないか。相手の主張に正当性、長所はないか。私の反論は問題の解決に役立つのか、それともただ溜飲《りゅういん》を下げるだけのものか。私の反論は相手を遠ざけることになるか、それとも引き寄せることになるか。私の反論は善意の人々から評価が得られるか。私は勝てるか、それとも負けるか。勝てるとしてその代償に何を失うか。私が反論しなかったら、この論争は収まるか。この難関はむしろ好機ではないのか。

オペラ歌手ジャン・ピアースは、結婚して五十年になるが、ある時、こんなことを話してくれた。「私たち夫婦は、昔一つの協定を結び、どんなに腹の立つことがあっても、これを守り続けてきた。二人のうちどちらかがどなりはじめたら、もう一人は黙ってそれに耳を傾けるという取り決めだ。なぜかと言えば、二人ともどなりはじめたら、たちまち意思の疎通は吹っ飛び、あとはただ騒音で空気が震動するだけだから」

人を説得する原則❶

議論に勝つ唯一の方法として議論を避ける。

2 誤りを指摘しない

セオドア・ルーズヴェルトが大統領だった時、自分の考えることが、百のうち七十五まで正しければ、自分としては、それが望み得る最高だと、人に打ち明けた。

二十世紀の偉人がこのとおりだとすれば、我々はいったい、どうなのだろう。

自分の考えることが五十五パーセントまで正しい人は、ウォール街に出かけて、一日に百万ドル儲けることができる。五十五パーセント正しい自信すらない人間に、他人の間違いを指摘する資格が、果たしてあるだろうか。

目つき、口ぶり、身ぶりなどでも、相手の間違いを指摘することができるが、これは、あからさまに相手を罵倒するのと何ら変わりない。そもそも、相手の間違いを、何のために指摘するのだ。相手の同意を得るために？　とんでもない。相手は、自分の知能、判断、誇り、自尊心に平手打ちを食らわされているのだ。当然、打ち返してくる。考えを変えようなどと思うわけがない。

どれだけプラトンやイマヌエル・カントの論理を説いて聞かせても相手の意見は変わらない。傷つけられたのは、論理ではなく、感情なのだから。

「では、君に、そのわけを説明しましょう」

こういう前置きは、禁物だ。これは、「私は君より頭がよい。よく言い聞かせて君の考えを変えてやろう」と言っているに等しい。

まさに挑戦である。相手に反抗心を起こさせ、戦闘準備をさせるようなものだ。

他人の考えを変えさせることは、最も恵まれた条件のもとでさえ、大変な仕事だ。何を好んで条件を悪化させるのだ。自ら手足をしばるようなものではないか。

人を説得したければ、相手に気づかれないようにやることだ。誰にも感づかれないように、巧妙にやることだ。これについて、イギリスの詩人アレクサンダー・ポープはこう言っている。

「教えないふりをして相手に教え、相手が知らないことは、忘れているのだと言ってやる」

三百年以上も昔、ガリレオはこう言った。

「人に物を教えることはできない。自ら気づく手助けができるだけだ」

チェスターフィールド卿が息子に与えた処世訓の中に、次のような一節がある。

「できれば、人より賢くなりなさい。しかし、それを、人に知らせてはいけない」

ソクラテスは弟子たちに、こう繰り返し教えた。

「私の知っていることは一つだけだ。自分が何も知っていないということ」

私は、どう間違ってもソクラテスより賢いはずがない。だから、他人の間違いを指摘するような真似は、いっさいしないことに決めた。この方針のおかげで、ずいぶんと得をしてきた。

相手が間違っていると思った時には、思うばかりでなく、事実、それが明瞭な間違いだった時にも、こんな具合に切り出すのがよいと思うがどうだろう。

「実は、そんなふうには考えていなかったのですが、おそらく私の間違いでしょう。私はよく間違います。間違っていましたら改めたいと思いますので、一つ事実をよく考えてみましょう」

この「おそらく私の間違いでしょう。私はよく間違います。一つ事実をよく考えてみましょう」という文句には、不思議なほどの効き目がある。これに反対する人間は、どこの世界にも、まずいないはずだ。

「おそらく私の間違いでしょう」と言って、面倒の起きる心配は絶対にない。むしろ、それで議論が収まり、相手も、こちらに負けず寛大で公正な態度をとりたいと思うようになり、自分も間違っているかもしれないと反省する。

相手が明らかに悪いとわかっている場合、それを露骨に指摘すれば、どんな事態が生じるか、そのよい例を話そう。ニューヨークの若い弁護士S氏が、アメリカ最高裁判所の法廷で弁護を行なっていた。その事件には、相当多額の金銭と重要な法律問題とが含まれていた。

論戦の最中、裁判官がS氏に「海事法による期限の規定は六か年だったね」と言った。

S氏は、しばらく黙って裁判官の顔を見つめていたが、やがて、ぶっきらぼうに「閣下、海事法には期限の規定はございません」とやった。

その時の様子を、S氏は私の講習会で、こう語った。

「一瞬、法廷は水を打ったように静まり、冷たい空気があたりにみなぎった。私のほうが正しい。裁判官が間違っているのだ。私はそれを指摘したまでだ。だが、相手は、それで私に好意を持つだろうか。否である。私は今でも自分のほうが正しかったと信じている。その時の弁論も、めったにないほどの上出来だったと信じている。だが、相手を納得させる力は、皆無だった。間違いを指摘して、学識の高い著名人に恥をかかせるという大失策をやってのけたのだ」

理屈どおりに動く人間は、めったにいるものではない。たいていの人は偏見を持ち、先入観、嫉妬心、猜疑心《さいぎしん》、恐怖心、ねたみ、自負心などにむしばまれている。自分たちの主義、宗教、髪型、そして好きな映画スターなどといった考え方を、なかなか変えようとしないものだ。もし人の間違いを指摘したければ、毎日朝食の前に次の文章を読んでからにしていただきたい。ジェイムズ・ロビンソンの名著『精神の形成』の一節である。

「我々は、あまりたいした抵抗を感じないで自分の考え方を変える場合がよくある。ところが、人から誤りを指摘されると、腹を立てて、意地を張る。我々は実にいい加減な動機から、いろいろな信念を持つようになる。だが、その信念を誰かが変えさせようとすると、我々は、がむしゃらに反対する。この場合、我々が重視しているのは、明らかに、信念そのものではなく、危機に瀕した自尊心なのである。〝私の〟という何でもない言葉が、実は、人の世の中では、一番大切な言葉である。この言葉を正しくとらえることが、思慮分別のはじまりだ。〝私の〟夕食、〝私の〟犬、〝私の〟家、〝私の〟父、〝私の〟国、〝私の〟神様と、下に何がつこうとも、これらの〝私の〟という言葉には同じ強さの意味がこもっている。我々は、自分のものとなれば、時計であろうと自動車であろうと、あるいはまた、天文、地理、歴史、医学その他の知識であろうと、とにかく、それがけなされれば、等しく腹を立てる。我々は、真実と思い慣れてきたものを、いつまでも信じていたいのだ。その信念を揺るがすようなものが現われれば、憤慨する。そして、何とか口実を見つけ出してもとの信念にしがみつこうとする。結局、我々のいわゆる論議は、たいていの場合、自分の信念に固執するための論拠を見出す努力に終始することになる」

高名な心理学者カール・ロジャーズは、『自己実現の道』の中でこう述べている。

「他人を真に理解することが、どれほど難しく、どれほど大きな価値があるかはかり知れないものがある。私たちは、他人からいろいろなことを聞かされるが、その時、どう反応するだろうか。相手の言ったことに対して、理解ではなく、価値判断をまず与えるのが普通である。誰かが何かについて、感想、意見、または信念を述べると、それを聞いた私たちは、即座に、『そのとおり』とか『馬鹿らしい』とか『突拍子もない』とか『無茶だ』とか『間違いだ』とか『ひどすぎる』とか評価して決めつけてしまう。相手の真意が、どこにあるのか正確に理解しようと努めることはきわめてまれである」

ある時、私は、インテリア・デザイナーに、部屋のカーテンをつくらせたことがある。請求書が届くと、息の根が止まるような気がした。

数日後、友人がやってきて、そのカーテンを見た。値段を聞かせると、彼女は、まるで勝ち誇ったような調子で叫んだ。

「まあ、ずいぶんなお値段ね。だいぶ儲けさせたんですよ」

実は、彼女の言うとおりだった。だが、自分の愚かさを暴露するような事実に好んで耳を傾ける人間はほとんどいない。やはり私も大いに自己弁護をやった。よいものは長い目で見れば結局安くつくとか、上等な芸術品は、特価品よりも高価なのは当然だとか、いろいろと言い立てた。

次の日、別の友人が訪ねてきて、同じカーテンを見ると、しきりにそれをほめそやし、自分も、金さえあれば、ぜひほしいものだと言った。それに対する私の反応は、前とはまるきり違っていた。

「実のところ、私にも、こんなものを買う金はありません。どうも、ぼられたような気がします。注文しなければよかったと後悔しているのです」

我々は、自分の非を自分で認めることはよくある。また、それを他人から指摘された場合、相手の出方が優しくて巧妙だと、あっさり非を認め、むしろ自分の率直さや腹の太さに誇りを感じることさえある。しかし、相手がそれを無理やりに押しつけてくると、そうはいかない。

南北戦争の頃、全国に名の聞こえた編集長でホレス・グリーリーという男がおり、リンカーンの政策に大反対を唱えていた。この男は論駁《ろんばく》、嘲笑、非難を記事にすることによって、リンカーンの意見を変えさせようと何年間も苦闘し続けた。リンカーンがブースの凶弾に倒れた日にさえ、彼は、リンカーンに対する不遜きわまる個人攻撃をやめなかった。

で、効果はあったか。もちろんない。嘲笑や非難で意見を変えさせることは不可能だ。

人の扱い方と自己の人格を育てる方法を知りたければ、ベンジャミン・フランクリンの自伝を読めばよい。読みはじめると、夢中になることはうけあいである。また、アメリカ文学の古典でもある。この自伝で、フランクリンは、いかにして自己の議論好きな悪癖を克服し、有能さと人当たりのよさと外交的手腕にかけてはアメリカ史上で一流の人物になれたか説明している。

フランクリンがまだ血気盛んな青年の頃、彼の友人でクェーカー教の信者がいたが、その男に、誰もいないところに連れていかれ、手厳しい説教を食らった。

「ベン、君は駄目だよ。意見の違う相手に対しては、まるで平手打ちを食らわせるような議論をする。それが嫌さに、君の意見を聞く者が誰もいなくなったではないか。君がそばにいないほうが、君の友人たちにとってはよほど楽しいのだ。君は自分が一番物知りだと思っている。だから、誰も君には物が言えなくなる。事実、君と話せば不愉快になるばかりだから、今後は相手にすまいと皆がそう思っているのだよ。だから、君の知識は、いつまでたっても、今以上に増える見込みはない。今の取るに足りない知識以上にはね」

この手ひどい非難を素直に受け入れたのが、フランクリンの偉いところだ。この友人の言うとおり自分は今、破滅の淵に向かって進んでいるのだと悟ったあたり、彼は偉大であり賢明だったわけだ。そこで、彼は方向転換をした。従来の傲慢で頑迷な態度を、たちどころに投げ捨てたのである。

フランクリンは次のように言っている。

「私は、人の意見に真っ向から反対したり、自分の意見を断定的に述べないことにした。決定的な意見を意味するような言葉、たとえば、〝確かに〟とか〝疑いもなく〟などという言葉はいっさい使わず、その代わりに『自分としてはこう思うのだが……』とか『私にはそう思えるのだが……』と言うことにした。相手が明らかに間違ったことを主張しても、すぐそれに反対し、相手の誤りを指摘することをやめた。そして、『なるほどそういう場合もあるだろうが、しかしこの場合は、少し事情が違うように思われるのだが……』という具合に切り出すことにした。こうして、今までのやり方を変えてみると、ずいぶんと利益があった。人との話し合いが、それまでよりもよほど楽しく進む。控え目に意見を述べると、相手はすぐ納得し、反対する者も少なくなった。私自身の誤りを認めるのがたいして苦にならなくなり、また、相手の誤りも、たやすく認めさせることができるようになった。

この方法を用いはじめた頃は、自分の性質を抑えるのにずいぶん苦労したものだが、しまいには、それがやすやすとできるようになり、習慣にさえもなってしまった。おそらくこの五十年ほどの間、私が独断的な言い方をするのを聞いた人は、誰もいないだろう。新制度の設定や旧制度の改革を提案すると、皆すぐに賛成してくれたのも、また、市会議員になって議会を動かすことができたのも、主として、第二の天性となったこの方法のおかげだと思う。もともと私は口下手で、決して雄弁家とは言えない。言葉の選択に手間取り、選んだ言葉もあまり適切でないことが多い。それでいて、たいていの場合自分の主張を通すことができたのである」

このフランクリンのやり方が、果たして商売に役立つかどうか、例を挙げてみよう。

ノースカロライナ州キングス・マウンテンのキャサリン・オールレッドは、ある製糸工場の技術主任をしている女性である。彼女はある時、私の講習会に参加する前と後とで、繊細な問題の扱い方がどう変わったか、次のように話した。

「私の仕事の一つは、従業員が糸を増産して自分たちの収入を伸ばす奨励制度と作業目標をつくり、それを管理運営することだった。糸の種類が二、三種に限られていた時代は、これまでの制度でうまくいっていた。ところが最近は業務が拡大して十二種類以上の糸を生産するようになった。今までの制度では、実績に見合った賃金を公正に支払って増産の意欲をかき立てることが難しくなってきた。そこで私は、新しい制度を工夫した。一定の時間内に生産する糸の等級に応じて賃金を支払うことにしたのだ。私はこの新しい制度をたずさえ、重役連中を説得しようと大いに意気込んで会議に臨んだ。まず私は、これまでの間違いを事細かに説明し、自分の考えた制度が解決策としていかに優れたものであるか、とうとうと力説した。ところが、結果は、みじめな敗北に終わった。自分の考えた制度を推進することに急で、従来の制度の欠陥を素直に認めるゆとりを、重役たちに持たせる配慮に欠けていたのだ。それで、この案は廃案と決まった。

この講習会に参加して、私は、自分の間違いがはっきりわかった。そこで、もう一度役員会を開いてもらい、今度は、まず出席者に問題点を探し出してもらった。次に、指摘された問題点を取り上げて議論し、今後の処置をどうするか、皆の意見を聞いた。それから、適当な間をおいて提案を行ない、それについて議論をしてもらい、修正を加えながら固めていった。会議が終わりに近づいて、私の考えた制度そのものを提示した時は、全員が賛成するところまできていたのである。

この経験から、私は、相手の間違いを頭から決めつけるやり方は、効果がないどころか、結局は、相手の自尊心を傷つけ、皆からも敬遠されて、話し合いもできなくなるのがおちだと悟った」

もう一つの例を挙げよう。この種の話は世間にはざらにあるはずだ。

ニューヨークのある木材会社のセールスマン、R・V・クローリーは、長年、取引先の頑固な木材検査係たちを向こうにまわして議論し、議論するたびに相手をやり込めてきた。しかし、それで、決してよい結果は得られなかった。クローリーの説によると、木材検査係などという連中は、野球の審判と同じで、いったん判定を下すと決してそれを変えようとはしないものだ。

彼は議論には勝ったが、おかげで会社は数千ドルの損害をこうむった。そこで彼は今までのやり方を変え、議論はいっさいすまいと決心した。それで、どのような結果が得られたか、彼が語った体験談はこうである。

「ある朝、事務所の電話がけたたましく鳴った。発送した一車両分の材木の品質が悪く、受け取るわけにはいかぬと、ある得意先の工場から苦情を言ってきたのである。荷おろしを中止してあるから、早く引き取りにこいという。およそ四分の一ほど荷物をおろしてから、検査係が、この材木には半分以上、不合格品がまじっていると報告したので、こういう事態になったのだという。

私は早速、相手の工場に出向いていったが、その途中、一番適切な処置を考えてみた。こういう場合、いつもなら、長年にわたって蓄えた木材に関する知識を傾けて、等級判定基準について相手方の検査係の誤りを指摘したことだろう。だが、今度は、この講習会で教わった原則を応用してみようと考えた。

その工場に着くと、購入係と検査係がふくれっ面をして、今にも食ってかかりそうな様子だった。私は、相手と一緒に現場へ行き、とにかく材木を全部おろして見せてくれと頼んだ。そして、今までやっていたとおりに合格品と不合格品を選り分けて別々に並べてみてくれと検査係に頼んだ。

検査係が選別するのをしばらく眺めているうちに、彼のやり方が厳格すぎ、判定基準を誤っていることがわかった。問題の材木は白松材だが、彼の知識は堅木材に限られており、白松材の検査係としては不適格であることもわかった。白松材は私の専門である。だが私は、彼のやり方に対して、あえて異議は申し立てなかった。しばらく黙って見ていたが、やがて、少しずつ不合格の理由を聞きはじめた。しかし、相手の間違いを指摘するような態度は決してとらず、今後どういう品物を送れば満足してもらえるのかそれが知りたいのだと言った。

相手のなすがままにまかせて、協調的な親しい態度で尋ねているうちに、相手の気持ちもなごみ、今までの険悪な空気も薄れてきた。私が時おり発する注意深い質問が、相手に反省のきっかけを与えた。あるいは自分が不合格品としてはねている材木は、注文どおりの等級のもので、むしろ自分が等級以上の基準を適用しているのかもしれないと、彼は思いはじめたらしい。私としては、まさにそこを言いたかったのだが、そんな気配はおくびにも出さなかった。

次第に彼の態度が変わってきた。とうとう彼は私に向かって、実は白松材についてはあまり経験がないのだと言い、積みおろす材木の一本一本について、質問しはじめた。私は、その材木が皆、指定の等級には合格しているのだと説明したかったのだが、それをやめて、お気に召さないのは喜んで引き取ろうと申し出た。ついに彼は、不合格品を増やすごとに自責の念を覚えるところまできた。そしてとうとう、誤りは彼のほうにあることを認め、はじめからもっと上等の等級を注文すべきだったと言った。

結局、彼は、私が帰ってからもう一度検査をやり直した上、全部買い入れることにし、全額を小切手で支払った。

ちょっとした心遣いと相手の誤りを指摘しないという心がけによって、この例だけでも、すでにかなりの収益を上げ、他に金銭には代えがたい善意までも手に入れることができたのである」

本章に述べた事柄は、決して目新しいものではない。二千年前にキリストは、「すみやかに汝の敵と和解せよ」と教えている。

紀元前二千二百年の昔、エジプト王アクトイが彼の王子を、「人を納得させるには、外交的であれ」と諭している。

つまり、顧客であれ、夫や妻であれ、相手が誰であろうと、口論をしてはいけない。相手の間違いを指摘して怒らすようなことはせず、いささか外交的手法を用いよということだ。

人を説得する原則❷

相手の意見に敬意を払い、誤りを指摘しない。

3 誤りを認める

私の家のすぐ近くには原始林があって、この林の中では、ブラックベリーが春になると一面に白い小さな花を咲かせ、リスが巣をつくって子を育てており、雑草は馬の背丈ほどに生い茂っている。この自然のままの森は、フォレスト公園と呼ばれている。この森の姿は、おそらくコロンブスがアメリカ大陸に到達した時と今もあまり違っていないのだろう。私はレックスと呼んでいる小さなボストン・ブルドッグを連れて、この公園へよく散歩にいく。レックスは人なつこくて決して嚙みついたりしない犬だ。それに、公園ではめったに人に出会わないので、私はレックスに鎖も口輪もつけずに連れて歩く。

ある日、公園内で騎馬警官に出会った。この警官は、自分の権威を見せびらかしたくてむずむずしていたらしい。

「口輪もつけずに、犬を放すとは何事だ。法律に違反していることを知らんのか」

と警官に叱られると、私は、穏やかに答えた。

「はい、よく知っています。しかし、あの犬は人に危害を加えるような犬ではないから大丈夫だと思いましたので」

「思っただと。君が何と思おうと、それで法律が変わったりはしないのだ。君の犬は、リスや子供に噛みつくかもしれないではないか。今日のところは見逃すが、次にこういうことがあると、裁判所へ行ってもらわなくちゃならん」

私は、以後気をつけますと、素直に約束した。

私は約束を守った。しかし数日後には、犬が口輪を嫌がるし、私もしいてはめたくもないので、見つかったら見つかった時のことと覚悟を決めた。しばらくは、それでうまくいった。ところが、ある日、とうとう来るべきものがきた。私とレックスが坂道を駆けのぼっていくと、いきなり行く手にいかめしい法の守護者が栗毛の馬にまたがって現われた。私はあわてたが、レックスは何も知らず、まっすぐ警官のほうへ走っていく。

いよいよ事は面倒になってきた。私は観念して、警官の発言を待たずに先手を打った。

「とうとう、現行犯で押さえられましたね。私が悪いのです。何も言うことはありません。先週、あなたから、二度とこういうことがあれば罰金だと注意されたばかりですから」

「うん、だがまあ、あたりに人がいない時には、こんな小さな犬のことだし、つい放してみたくなるのも人情だろう」

警官の声は穏やかだった。

「まったくそのとおりです。でも、法律は法律です」

「しかし、まあ、こんな小さい犬は、誰にも危害は加えないだろう」

警官は、そう言って逆に異議を唱える。

「いや、リスに嚙みつくかもしれません」

「それは君、考えすぎだよ。それでは、こういうことにしたらどうだ。坂の向こうへ連れていって、放してやるのだよ。そうすれば、私の目も届かないからね。それで万事解決ということにしよう」

警官も人間だ。やはり、自己の重要感がほしかったのである。私が自分の罪を認めた時、彼の自負心を満足させる唯一の方法は、私を許して太っ腹なところを見せることだったのだ。

だが、もし私が言い逃れをしたとすれば、警官と議論をすれば、どんなことになるか、読者もご承知のはずだ。

警官と渡り合う代わりに、私は、先方が絶対に正しく、自分が絶対に悪いと認めた。即座に、潔く、誠意を込めて、認めた。すると、互いに譲り合いがはじまり、私は相手の身に、相手は私の身になって話し合い、事件はめでたく解決したのである。前に法の権威でおどしつけたこの警官が一週間後に見せた優しい物腰には、誰もが驚かされたことだろう。

自分が悪いと知ったら、相手にやっつけられる前に自分で自分をやっつけておいたほうが、はるかに愉快ではないか。他人の非難よりも自己批判のほうがよほど気が楽なはずだ。

自分に誤りがあるとわかれば、相手の言うことを先に自分で言ってしまうのだ。そうすれば、相手には何も言うことがなくなる。十中八九まで、相手は寛大になり、こちらの誤りを許す態度に出るだろう。私とレックスを許した騎馬警官のように。

商業美術家フェルディナンド・ウォーレンがこの方法を使って、気難し屋の買い手に気に入られたことがある。

「広告や出版用の絵は、綿密で正確であることが大切なのだ」

ウォーレンはこう前置きをすると、話をはじめた。

「美術編集者の中には、注文の仕事をやたらにせき立てる者がいる。そういう場合には、些細な誤りが起こりがちだ。私の知っている編集者に、いつもわずかな誤りを見つけて喜んでいる男がいた。私は、この男の批判の内容ではなく、批判の仕方が癪《しゃく》に障《さわ》っていた。最近、急ぎの仕事を彼のところへ届けたことがある。しばらくすると、事務所まですぐ来いと電話がかかってきた。苦情があるのだという。事務所へ駆けつけると、案の定、彼が手ぐすね引いて待ち構えており、私を見るとさんざんな酷評を浴びせかけた。かねて研究していた自己批判の方法を応用する機会がやってきたわけだ。そこで私は、『もし、あなたのおっしゃることが本当なら、私のほうが間違っているに違いありません。何とも申しわけございません。あなたには長い間お世話になっているのですから、これくらいのことは充分に承知していなければならないはずですのに、まったくお恥ずかしい次第です』と言った。

すると彼は、たちまち私をかばいはじめた。『それはそうだが、なあに君、たいした間違いでもないんだ。ただ、ちょっと……』

私は、すぐ口をはさんだ。『どんな間違いにしろ、間違いは重大です。実に嫌なものです』

彼が何か言いたそうにしたが、私はそうはさせなかった。愉快でたまらなかった。自己批判をするのは生まれてはじめてだが、やってみるとなかなか面白いものだ。

私は続けて、『もっと慎重でなくてはいけなかったのです。これまで、あなたには仕事をたくさんいただいていますので、私としては、当然最善を尽くすべきです。この仕事は、もう一度はじめからやり直します』と申し出た。

彼は『いや、そんなにまで、面倒をかけようとは思っていないんだ』と譲歩して、私の絵をほめ、ほんの少しだけ直してもらえばいいのだという。私の犯した誤りで損害が生じたわけでもなく、結局はつまらない細部の問題なのだから、それほど気をもむこともなかろうとのことだった。

私がむきになって自己批判をはじめると、相手の意気込みがくじけてしまったのである。結局、彼が私を昼食に誘うことになって、この一件は終わった。そして、別れる前に、彼は小切手と別な仕事の注文をくれた」

自分が犯した誤りを認める勇気には、ある種の満足感が伴う。罪悪感や自己防衛の緊張がほぐれるだけでなく、その誤りから生じた問題の解決にも役立つ。

ニューメキシコ州アルバカーキのブルース・ハーヴェイは、ある時、病気で欠勤していた従業員に、誤って賃金を全額支払ってしまった。ハーヴェイはその従業員に間違いを説明し、次の賃金から過払い分を全額差し引くと言い渡した。従業員は、それでは生活に困るので、分割払いで返済するようにはからってくれと懇願した。そうなると、上司の承認が必要である。それでどうなったか。ハーヴェイ自身に語ってもらおう。

「上司のところへこんな話を持っていけば、雷が落ちるのは目に見えていた。あれこれと思案していたが、結局は自分のミスなのだから、まずそのことを上司に話そうと腹を決めた。上司に自分のミスを話し、一部始終を報告すると、上司は語気激しく、人事部のミスだと言った。私が自分のミスであることを重ねて説明すると、上司は怒り狂って、今度は経理部の不注意をなじった。私はもう一度、すべて自分一人のミスだと説明した。すると今度は、私の同僚二人を槍玉に挙げた。そのつど私は、自分一人の責任だと申し立てた。やがて上司は、私に向かってこう言った。『よろしい、君のミスだ。君の責任で処理したまえ』。こうしてミスは正され、誰にも迷惑はかからなかった。私には、責任逃れをせず、勇気を持って難題に対処した満足感があった。このこと以来、上司は前よりもいっそう私に目をかけてくれるようになった」

どんな馬鹿でも過ちの言い逃れぐらいはできる。事実、馬鹿はたいていこれをやる。自己の過失を認めることは、その人間の値打ちを引き上げ、自分でも何か高潔な感じがしてうれしくなるものだ。

自分の過ちを認めることは決して簡単なことではない。一番大切な人、つまり愛する人と向き合わねばならない時に過ちを認めるのは最も難しいものだ。古代エジプトのファラオの時代から、過ちを認めないばかりに結婚生活は破滅し、家族の絆が引き裂かれてきたのである。自尊心を克服する苦しみは誰もが経験することだが、自分が常に信じてきた〝真実〟と闘うのがどれほど困難か、想像してみてほしい。

マイケル・チャンは私の講習会の講師の一人であるが、ある時こんな話をしてくれた。彼の講習会の受講者に、中国のとても伝統的な家庭で育った男がいた。男の育った文化の中では、面目を失わないことが非常に重んじられる。この男は自分の家族に苦しみを与えた責任と、面目をうことの間で、板ばさみになっていた。男はかつてアヘンの常習者となり、息子と何年も断絶状態にあった。息子に再会したいし孫の顔も見たかったが、中国の伝統では年長者ではなく年下のほうから行動しなければならず、この男も年長者を敬うべきと教えられて育った。和解に向けての鍵は息子が握っていたのだ。最初は、会いたいという自分の願望に屈せず、息子が自分に会いに来るべきだと思っていた。しかし、この考えを改めることにした。自分はこの伝統を不安から逃れるための言いわけに使っていることに気づいたのだ。男は講習会の仲間の前でこう打ち明けた。

「この講習会で『自分の誤りを直ちにきっぱりと認める』ことを学びました。『直ちに認める』には遅すぎますが、『きっぱりと認める』ことはできます。私は息子に過ちを犯しました。息子が私を人生から追い出し、顔も見たくなかったのは当然です。自分より年下の息子に許しを請うことで、私は面目を失うかもしれません。でも、私は間違っていたし、その過ちを認めるべきなのです」

講習会の仲間は拍手喝采し、この男を全面的に支援した。次の講習会で、男は息子の家に行ったことを報告してくれた。今さら謝っても、息子は許してくれないかもしれないと不安でいっぱいだったという。しかし、息子は父親を家族の一員として温かく迎え入れ、今では息子とその妻や、やっと会えた孫たちとの新たな関係を築きはじめている。

エルバート・ハバードは、かつて国民を熱狂させた最も独創的な作家だが、その辛辣《しんらつ》な文章は、何度か世論の猛烈な反撃を受けた。ところが彼は、まれに見る人扱いの名人だった。敵を味方に変えてしまうことがよくあった。

たとえば読者からひどい抗議が持ち込まれた場合、彼はよく次のような返事を出した。

「実は、私自身も今では例の問題については大いに疑問を感じています。昨日の私の意見は、必ずしも今日の私の意見ではありません。貴殿のご意見を拝読、まことに我が意を得た思いがいたしました。当地へお越しの節は、ぜひとも小生宅にお立ち寄りください。改めて互いの意見の一致を祝したいと存じます」

こんな具合に出られると、たいていの者は何とも言えなくなるだろう。

自分が正しい時には、相手を優しく巧妙に説得しようではないか。また、自分が間違っている時、正直になれば、自分の間違っている場合は驚くほど多いものだが、そういう時には、自分の誤りをすみやかに、熱意を込めて認めることにしよう。この方法には予期以上の効果がある。そのうえ、苦しい言いわけをするよりも、このほうが、よほど愉快な気持ちになれる。

ことわざにも「負けるが勝ち」と言う。

人を説得する原則❸

自分の誤りを直ちにきっぱりと認める。

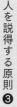

4 穏やかに話す

腹が立った時、相手を思い切りやっつければ、さぞかし胸がすくだろう。だがやっつけられたほうは、同じように胸がすくだろうか。喧嘩腰でやっつけられて、気持ちよくこちらの思いどおりに動いてくれるだろうか。

ウッドロー・ウィルソン大統領はこう言う。

「もし、相手が拳を固めてやってくれば、こちらも負けずに拳を固めて迎える。だが、相手が『お互いによく相談してみようではありませんか。そして、もし意見の相違があれば、その理由や問題点をつきとめましょう』と穏やかに言えば、やがて、意見の相違は思ったほどでもなく、互いに忍耐と率直さと善意を持てば、解決できることがわかる」

「相手の心が反抗と憎悪に満ちている時は、いかに理を尽くしても説得することはできない。子供を叱る親、権力を振りかざす上司、口やかましい妻や夫といった人たちは、人間は自分の心を変えたがらないということをよく心得ておくべきだ。人を無理に自分の意見に従わせることはできない。しかし、優しい打ち解けた態度で話し合えば、相手の心を変えることもできる」

右のような意味のことを、リンカーンはすでに百年も前に述べている。そしてこれも。

「〝バケツ一杯の苦汁よりも一滴の蜂蜜のほうが多くのハエがとれる〟ということわざはいつの世にも正しい。人間についても同じことが言える。もし相手を自分の意見に賛成させたければ、まず諸君が彼の味方だとわからせることだ。これこそ、人の心をとらえる一滴の蜂蜜であり、相手の理性に訴える最善の方法である」

経営者のうちには、ストライキ側と友好的になることは大きな利益だと学んだ者もいる。一例を挙げてみよう。

ホワイト・モーター社の二千五百人の従業員が、賃上げと労働組合のユニオン・ショップ制採用を要求してストライキを起こした。当時の社長ロバート・ブラックは、労働者に対して非難したり悪感情を示さず、逆に彼らが〝平和な態度でストライキに入った〟ことを、クリーブランドの紙の広告でほめ上げた。ピケを張っている者たちが退屈しているのを見ると、彼は野球の道具を買い入れ、空き地を利用して野球をやるようにすすめ、ボウリングの好きな者のためには、ボウリング場を借りてやった。

経営者側のとったこの友好的態度は充分にむくわれた。つまり、友情が友情を生んだのである。労働者たちは、掃除道具をどこからか借りてきて、工場のまわりを清掃しはじめた。一方で賃上げと組合の承認を求めて闘いながら、片方では工場のまわりを掃除しているのである。微笑ましい光景ではないか。激しい争いに彩られたアメリカ労働争議史上かつて見られなかった光景だ。このストライキは一週間のうちに妥結し、双方に何の悪感情も残らなかった。

ダニエル・ウェブスターは、くらべる者のない堂々たる風采と雄弁に恵まれ、自己の主張を通すことにかけては、彼の右に出る弁護士はいなかった。しかし、どんな激論を闘わす場合でも、彼はきわめて穏やかな態度で切り出した。決して高圧的な言い方はしない。自分の意見を相手に押しつけようとはせず、穏やかな、打ち解けた態度を示す。それが彼の成功を大いに助けたのである。

ストライキの解決を頼まれたり、被告の弁護を依頼されたりする人は、めったにいないだろうが、家賃を安くしてもらいたい人は、いくらもいることだろう。そういう人に、この穏やかな話し方がどんなに役に立つかを考えてみよう。

O・L・ストローブという技師が、部屋代を安くしてもらいたいと思った。だが、家主は評判の頑固者だった。以下、彼が私の講習会で公開した話を紹介しよう。

「私は契約期間が終わり次第、アパートを出ると家主に通告の手紙を出した。だが、本当は出たくなかったのだ。家賃を安くしてくれさえすれば、そのままそこにいたかった。しかし、情勢はまったく悲観的だった。他の借家人も皆、失敗しており、あの家主ほど扱いにくい男はいないと口を揃えて言っていた。だが、私は心の中でこう考えた。『私は講習会で〝人の扱い方〟を習っている。家主に応用して、効果を試してみよう』

私の手紙を受け取ると、早速家主が秘書を連れてやってきた。私は快活な笑顔で家主を迎え、心からの好意を示した。家賃が高いなどとは決して言い出さない。まず、このアパートが非常に気に入っているのだと話し出した。実際、私は〝惜しみなくほめたたえ〟たのである。アパートの管理についても大いに敬服し、せめてもう一年ぐらいはここにいたいのだが、残念ながらそれができないのだと家主に言った。

家主は、今まで借家人からこういう歓迎を一度も受けたことがなかったのだろう。すっかり勝手が違った様子だった。

しばらくすると、家主は自分の苦労をぼつぼつ話しはじめた。苦情ばかり持ち込む借家人、なかには十四通も苦情の手紙をよこした者もあり、そのうちには、明らかに侮辱的な手紙もいくつかあった。家主の責任で階上の男のいびきを止めてくれなければ契約を破棄するとおどしてきた者もいたそうだ。『あなたのように、話のわかる方がいてくださるとは、本当にありがたいことです』と言って、私から何も言い出さないうちに、家主のほうから家賃を少し下げようと言った。私はもっと下げてもらいたかったので、はっきりと私の払える金額を言うと、家主は直ちにそれを承諾してくれた。

そのうえ彼は、『部屋の装飾を変えてあげたいのですが、何かご注文はありませんか』と言って帰っていった。

もし私が他の借家人と同じ方法で、家賃の引き下げ運動をやったとしたら、やはり彼らと同様に失敗したに違いない。友好的で同情的な、そして感謝に満ちた態度が、この成功をもたらしたのである」

ペンシルバニア州ピッツバーグのディーン・ウッドコックは、地元の電気会社の部長である。ある時、部下が電柱の頂上に取りつけた器具の修理をすることになった。この種の作業は従来、他の部の受け持ちになっていて、ウッドコックの部に移管されたのは、ごく最近だった。すでに作業の訓練は済んでいたが、実際に手がけるのは今回がはじめてだった。それで、会社中がこの初仕事に注目したのである。ウッドコックをはじめ、配下の課長たち、それに他の部の者まで加わって作業を見に出かけた。乗用車やトラックが多数集まり、大勢の人間が電柱の先端で作業する二人の男を見守っていた。

そのうちに、通りかかった車から一人の男がカメラを手におりてきて、現場の写真を撮りはじめた。電気会社をはじめ一般に公益事業の関係者は、いつも世評に気を遣っているが、ウッドコックも、この場の物々しい情景が、写真を撮っている男の目にどう映るか、それを思うと不安になってきた。二人でできる仕事に、何十人という人間が集まっているのである。ウッドコックは、そのカメラの男のところへ歩み寄った。

「私どもの作業に興味をお持ちのようですね」

「ええ。でも、私の母には、興味どころの騒ぎではないでしょう。母はお宅の会社の株を持っていますからね。これを見たら母も目が覚めますよ。馬鹿な投資をしたことに気がつくでしょう。前から母には、お宅の会社は無駄が多いと言っているのです。まさにこれは立派な証拠です。新聞社だって私の撮った写真をほしがるでしょう」

「確かにそう見えますね。私もあなたの立場だったら、きっと同じように考えたと思います。でも、これは特例なんですよ」

ウッドコックは、今日の作業が自分の部としてははじめての仕事で、そのために重役以下全社員が注目しているが、普通なら二人で充分なのだと説明した。これを聞いて男はカメラをしまい、ウッドコックと握手をして、懇切な説明に礼を述べた。

ウッドコックの愛想のよい応対のおかげで、会社は面倒な事態を免れ、不評を未然に防ぐことができたのだった。

ニューハンプシャー州リトルトンのジェラルド・ウィンは、やはり愛想のよい応対のおかげで、損害賠償問題を円満に処理できたと報告している。

「春がまだ浅く、大地の凍結もまだ解け切っていない頃だったが、その季節には珍しい豪雨が降り、普通なら排水溝から流れ去ってしまう水が、予想外のコースを通って、私が最近家を新築したばかりの敷地に流れ込んだ。

水の逃げ場がなく、家の基礎の周囲にたまっていった。水はコンクリートづくりの地下室に流れ込み、地下室の暖房炉や温水ヒーターが台なしになった。損害は、修理費だけで二千ドルを上まわったが、この種の損害に対する保険には入っていなかった。

しかし、調べてみると、この分譲地の造成をした時に、この種の損害を防ぐ雨水排水管の敷設を怠っていたことがわかった。そこで地主に会見を申し入れた。地主の事務所まで四十キロの車中で、私は問題を整理するとともに、講習会で学んだ原則を思い出して、ここで怒りをぶちまけたら元も子もなくなるぞと自分に言い聞かせた。先方に到着すると、私は気持ちを鎮め、まず、相手が最近休暇で訪れたという西インド諸島のことを話題にした。次に、頃合いを見はからって、水害による〝ちょっとした〟問題を取り上げた。すると彼は、たちどころに問題の処理に相応の努力をする約束をしてくれた。
二、三日して、地主から、損害は補償する上に、将来同じようなことが起こらないように、排水管を敷設すると、電話があった。
確かにこの災害は地主側の手落ちによるものだったが、もし私が愛想よく話を持ちかけなかったら、全額賠償を承知させるのは、大変なことだったろう」

私は子供の頃、ミズーリ州の片田舎の小学校に通っていた。その当時、「北風と太陽」の寓話を読んだことがある。北風が「僕のほうが強いに決まっている。あそこにコートを着た老人がいるだろう。僕は君よりも早く、あの老人からコートを取ってみせる」と威張った。

太陽は、しばらく雲の後ろに隠れた。北風は勢いよく吹いた。だが、北風が吹けば吹くほど、老人はますますしっかりとコートで体を包んだ。

北風は精根尽きて、吹きやんでしまった。そこで太陽は、雲間から顔を出し、老人に優しく微笑みかけた。しばらくすると、老人は額の汗をふいてコートを脱いだ。太陽は、優しい親切なやり方は、どんな場合でも、激しい力ずくのやり方より、はるかに効果のあるものだと北風に諭した。

優しさと友情に満ちた行為の効用は、日々実証されている。メリーランド州ルーサービルのゲイル・コナーは、まだ買ってから四か月もたたない新車が三度目の故障を起こして、販売店に持ち込んだ。その時の話を、私の講習会で次のように語った。

「サービス主任に交渉したり、議論したり、どなり散らしてみたところで、解決はとても望めそうに思えなかった。

ショールームを訪ねて、店長のホワイトさんに面会を求めると、店長室に通された。私は、自己紹介を済ませると、この店と取引のある友人のすすめで最近車を買ったが、友人からはこの店の価格はよいし、サービスも満点だと聞かされたと話した。店長は私の話を満足げに聞いていた。それから私は、この店のサービス部にちょっとした問題があることを話し、『お宅の評判を落とすようなことになるかもしれないので、店長としても承知しておかれたほうがよかろうと思ってうかがった』ことをつけ加えた。店長は『よく話してくださった』と礼を述べ、早速善処すると約束してくれた。店長自ら面倒を見てくれたばかりか、私の車の修理中、彼の車を貸してくれた」

イソップはクロイソスの王宮に仕えたギリシアの奴隷だが、キリストよりも六百年も前に、不朽の名作寓話を生み出した。その教訓は、二千六百年前のアテネにおいても、また現代のボストンやバーミンガムにおいても、同じく真実である。太陽は北風よりも早くコートを脱がせることができるし、親切、友愛、感謝は世のいっさいの怒声よりもたやすく人の心を変えることができる。

リンカーンの名言〝バケツ一杯の苦汁よりも一滴の蜂蜜のほうが多くのハエがとれる〟をよく心にとどめおいていただきたい。

人を説得する原則❹

穏やかに話す。

5 〝イエス〟と答えられる問題を選ぶ

人と話をする時、意見の異なる問題をはじめに取り上げてはならない。まず、意見が一致している問題からはじめ、それを絶えず強調しながら話を進める。互いに同一の目的に向かって努力しているのだということを、相手に理解させるようにし、違いはただその方法だけだと強調するのである。

最初は、相手に〝イエス〟と言わせるような問題ばかりを取り上げ、できるだけ〝ノー〟と言わせないようにしておく。

ハリー・オーヴァストリート教授はこう言っている。

「相手にいったん〝ノー〟と言わせると、それを引っ込めさせるのは、なかなか容易なことではない。〝ノー〟と言った以上、それをひるがえすのは、自尊心が許さない。〝ノー〟と言ってしまって、後悔する場合もあるかもしれないが、たとえそうなっても、自尊心を傷つけるわけにはいかない。言い出した以上、あくまでもそれに固執する。だから、はじめから〝イエス〟と言わせる方向に話を持っていくことが、非常に大切なのだ」

話し上手な人は、まず相手に何度も〝イエス〟と言わせておく。すると、相手の心理は肯定的な方向へ動きはじめる。これはちょうど、玉突きの玉がある方向へ転がり出したようなもので、その方向をそらせるには、かなりの力がいる。反対の方向にはね返すためには、それよりもはるかに大きな力がいる。

こういう心理の動きは、きわめてはっきりした形をとる。人間が本気になって〝ノー〟と言う時には、単にその言葉を口にするだけでなく、同時にさまざまのことをやっているのだ。各種の分泌腺、神経、筋肉などの全組織を挙げて、いっせいに拒否体勢を固める。そしてたいていの場合、ごくわずかだが、あとずさりをするか、ないしはあとずさりをする準備をする。時によると、それがはっきりわかる程度の大きな動作として現われることもある。つまり、神経と筋肉の全組織が拒否の体勢をとるのだ。ところが、〝イエス〟と言う場合には、こういう現象はまったく起こらない。体の組織が、進んで物事を受け入れようとする体勢になる。それゆえ、はじめに〝イエス〟と多く言わせれば言わせるほど、相手をこちらの思うところへ引っ張っていくことが容易になる。

人に〝イエス〟と言わせるこの技術は、きわめて簡単だ。それでいて、この簡単な技術が、あまり用いられない。頭から反対することによって、自己の重要感を満たしているのかと思われるような人がよくいる。生徒にしろ、顧客にしろ、その他、自分の子供、夫あるいは妻にしても、はじめに〝ノー〟と言わせてしまうと、それを〝イエス〟に変えさせるには、大変な知恵と忍耐がいる。

ニューヨークのグリニッチ貯蓄銀行の出納係ジェイムズ・エバーソンは、この〝イエス〟と言わせる技術を用いて、危うく逃がしそうになった客を見事に引き止めた。

エバーソンの話を紹介しよう。

「その客は預金口座を開くためにやってきました。私は用紙に必要な事項を記入してもらおうとしました。たいていの質問には進んで答えてくれましたが、質問によってはどうしても答えようとしません。

私が人間関係の勉強をはじめる前だったら、この質問に答えてもらわなければこちらも口座を開くわけにはいかないと、はっきり言ったに違いありません。恥ずかしい話ですが、事実、私はこれまで、そういう言い方をしてきました。そうやって相手を決めつけることは、確かに痛快です。銀行の規則を盾にとって、自分の優位を相手に示すことになります。しかし、そういう態度は、わざわざ足を運んでくれた客に好感や重要感を絶対に持たせません。

私は常識にかなった態度をとってみようと決心しました。銀行側の希望ではなく、客の希望について話そう。そして、最初から〝イエス〟と客に言わせるようにやってみようと思いました。そこで、私は客に逆らわず、気に入らない質問には、しいて答える必要はないと言いました。そして、こう言い添えました。『しかし、仮に預金をされたまま、あなたに万一のことがございましたら、どうなさいますか。法的にあなたに一番近い親族の方が受け取れるようにしたくはありませんか』

彼は〝イエス〟と答えた。

私はさらに、『その場合、私どもが間違いなく迅速に手続きができるように、あなたの近親者のお名前をうかがっておくほうがよいとお思いになりませんか』と尋ねました。

彼は〝イエス〟と答えます。

私たちのためではなく、彼のための質問だとわかると、客の態度は一変しました。彼自身に関していっさいのことを話しただけではなく、私のすすめに応じ、彼の母を受取人にして信託口座を設け、母に関する質問にも喜んで答えてくれました。

彼がはじめの問題を忘れ、結局私の言うままになったのは、最初から彼に〝イエス〟とだけしか言わせない方法のおかげだと思います」

〝イエス〟と言わせる近道があったのに、〝ノー〟と言わせて何年も挫折と失敗というまわり道をしてきたとしたら、嘆くほかない。ウェスティングハウス社のセールスマン、ジョセフ・アリソンの話である。

「私の受け持ち区域に、我が社の製品をぜひとも売り込みたい相手がいた。私の前任者は、十年間その相手を追いかけまわしたが、駄目だった。私もこの区域を引き継いでから三年間通いつめたが、やはり駄目だった。それからさらに十年通ったあげく、やっと数台のモーターを売り込むことができた。もし、そのモーターの調子がよければ、あとからきっと数百台の注文がとれるだろうと、私は期待していた。

大丈夫、うまくいくと思っていた。三週間後に電話した時、私は楽観していたが、甘い見込みはすぐにくつがえされた。

技師長は、『アリソン、君の会社のモーターはもうごめんだ』といきなり衝撃的なことを言い出した。

私は驚いて『いったいどういうわけですか』と尋ねた。

彼は、『君の会社のモーターは、焼けすぎて、うっかり触ることもできない』と言う。

逆らっても無駄だということは、長年の経験でよくわかっていた。私は相手に〝イエス〟を言わせてみようと考えた。

そこで、私は『スミスさん、あなたがそうおっしゃるのはごもっともです。本当に焼けすぎるようでしたら、そんなモーターを、もっと買ってくださいと言うほうが無理です。協会の決めた基準よりも熱くならない製品を選ぶのが当然です。そうでしょう？』と尋ねた。

彼はそうだと答えた。最初の〝イエス〟を得たわけだ。

次に私は、『協会の規格ではモーターの温度が、室内温度より四十度まで高くなることは認められていますね』と尋ねた。

彼はまた〝イエス〟と答えた。そして『そのとおりだが、あのモーターはもっと熱くなる』と言った。

それには逆らわず、ただ『工場内の温度は何度ぐらいでしょう』と、私は尋ねてみた。

彼の答えは、二十四度見当だろうということだった。

そこで私は、『では、工場内の温度を二十四度として、それに四十度を加えると六十四度になります。六十四度の湯に手を入れると、やけどをするでしょうね』と尋ねた。

彼はまた〝イエス〟と言わざるをえなかった。

私は『そうなると、モーターには、手を触れないように気をつけないと、やけどをしますね』と言った。

彼は、『なるほど、君の言うとおりだ』と言って認めた。それからしばらく私たちは雑談を交わしていたが、やがて彼は秘書を呼び、翌月分として約三万五千ドルの品物を注文した。

議論をすれば損をする。相手の立場で物事を考えることは、議論をするよりもかえって興味深く、しかも、比較にならぬほどの利益がある。考えてみると、私はずいぶん長い間、議論で莫大な損をしてきた」

カリフォルニア州オークランドでデール・カーネギー・コースの講師をしているエディー・スノーは、ある店主から、〝イエス〟を連発せざるをえないように仕向けられて、その店の常連になってしまった話をしてくれた。エディーは弓を使う狩猟をはじめ、土地の弓具店から、かなりの金を使って用具を買い入れていた。ある時、弟が訪ねてきたので、その店から弓矢一式を借りて弟と一緒に狩りをやろうと思った。ところが店員は「手前どもではレンタルはやっておりません」と断った。そこで、もう一軒の店に電話をした。その時の様子をエディーはこう話した。

「電話に出た相手は、大変感じのよい男だった。レンタルの申し入れに対する応答は、前の店とはまったく違っていた。『まことに申しわけございませんが、手前どもでは、レンタルは不経済ですので、やめさせていただいております』。そして、今までにレンタルを利用した経験があるかどうか尋ねた。『あるよ。何年か前に』『その時は、たぶん二十五ドルか三十ドルぐらいレンタル料をお支払いになったのではありませんか』『イエス』『お金は活かして使うことが大切でしょう』『イエス』。そのあと、電話の相手は、付属品が全部ついて三十四ドル九十五セントの弓矢セットがあること、したがって、レンタル料に四ドル九十五セントだけ足せば完全なセットが買えることを私に説明した。『レンタル料を支払うことを考えれば、よい買い物だとお思いになりませんか』。ここでも私は『イエス』と言って、結局、弓矢セットを買うことになった。そのうえ、品物を受け取りに店へ行った時、他に数点の品を買い求め、以後この店の常連になった」

　人類の思想に大変革をもたらしたアテネの哲人ソクラテスは、人を説得することにかけては古今を通じての第一人者である。

　ソクラテスは、相手の誤りを指摘するようなことは、決してやらなかった。いわゆる〝ソクラテス式問答法〟で、相手から〝イエス〟という答えを引き出すことを主眼としていた。まず、相手が〝イエス〟と言わざるをえない質問をする。次の質問でもまた〝イエス〟と言わせ、次から次へと〝イエス〟を重ねて言わせる。相手が気づいた時には、最初に否定していた問題に対して、いつの間にか〝イエス〟と答えてしまっているのだ。

相手の誤りを指摘したくなったら、ソクラテスのことを思い出して、相手に〝イエス〟と言わせてみることだ。

中国の古いことわざに〝静かに歩む者は遠くまで行く〟というのがある。五千年の歴史と知恵がもたらす名言ではないか。

人を説得する原則❺

相手が即座に〝イエス〟と答える問題を選ぶ。

6 しゃべらせる

相手を説得しようとして、自分ばかりしゃべる人がいる。相手に充分しゃべらせるのだ。相手のことは相手が一番よく知っている。だから、その当人にしゃべらせることだ。

相手の言うことに異議をはさみたくなっても、我慢しなくてはいけない。相手が言いたいことをまだ持っている限り、こちらが何を言っても無駄だ。大きな気持ちで辛抱強く、しかも、誠意を持って聞いてやる。そして、心おきなくしゃべらせてやるのだ。

この方法を商売に応用すると、どうなるか。やむなくこの方法を採用するはめになったある男の体験談を引いて説明しよう。

数年前、アメリカ屈指の自動車会社が、内装用の布地を一年分購入しようとしていた。三社の大メーカーが、見本を提出した。自動車会社の重役たちはその見本を吟味したのち、メーカーにそれぞれ通知を出し、最終的な説明を聞いた上で契約するから、指定の日に来社するよう言ってきた。

そのうちのあるメーカーの代表者R氏も、重い喉頭炎をおしてやってきた。以下はR氏の話である。

「私の説明する番がまわってきたが、声を出そうにも出なかった。かすれ声すら出ない始末だ。一室に案内されると、そこには社長をはじめ、各部門の責任者がずらりと並んでいる。私は立ち上がってしゃべろうとしたが、しゃがれ声が出るだけだった。

そこで、私は一枚の紙に『のどを痛めて声が出ません』と書いて差し出した。

それを見た社長が『では、君に代わって私がしゃべってあげよう』と言い出した。そして、私の見本を広げると、その長所をほめ出した。すると、それにつれて活発な意見が各責任者から出た。社長は私の代弁をしていたものだから、いきおい私の味方になってしまった。私はただ、微笑んだり、うなずいたり、身ぶりをして見せるだけでよかった。

この風変わりな会談の結果、私は四十数万メートルの布地の注文を受けた。金額にして百六十万ドル。私にとっては、過去に経験のない大きな注文だった。

その時、もし私が声をつぶしていなかったら、とてもその注文はとれなかったに違いない。私はその時まで、商売のやり方について、とんでもない間違った考えを持っていたのである。自分でしゃべるよりも相手にしゃべらせたほうが利益が大きい場合があることを、その時まで知らなかったのだ」

フィラデルフィア・エレクトリック社のジョセフ・ウェッブも同様のことを発見した。当時、電気はまだ目新しく、田舎では少し贅沢なものだった。ウェッブは電気を利用してもらおうと、ペンシルバニア・ダッチの農民が住む地区を視察していた。

「なぜこの地域の人たちは電気を使わないのですか」と、ウェッブは手入れの行き届いた農家の前を通りすぎながら地区担当者に聞いてみた。

担当者は「あきらめてください。彼らには何も物を売ることはできませんよ」とうんざりした調子で答えた。

「それに、我々の会社を目の敵にしているのです。売り込もうとしましたが、もう無理ですね」

かなり難しそうな状況であったが、ウェッブはとにかく農家を訪問してみることにした。ある農家の扉を叩くとわずかに開き、その隙間から年配のドラッケンブロッド夫人が探るような目でこちらを見ている。

ウェッブはその時の様子をこう話してくれた。

「夫人は地区担当者の顔を見るやいなや、バタンと扉を閉めてしまいました。さらに扉を何回か叩くと、夫人は少し扉を開け、私たちや電気会社のことをどう思っているか話しはじめました。

私は農家の卵が大好きなのですが、夫人の鶏舎を見た時に、ここの新鮮な卵を妻に買って帰ったらさぞかし喜ぶだろうと思いました。そこで、私は夫人にこう言いました。『ドラッケンブロッドさん、あなたが電気にご興味がないことは承知しております。ご迷惑をおかけして大変申しわけございません。今日はただ、卵をいくつか分けていただきたいだけなのです』

夫人は扉を大きく開けてくれましたが、まだ怪訝《けげん》そうにこちらを見ています。私は続けました。

『ここのドミニク種の鶏は実に素晴らしいですね。新鮮な卵を一ダース分けていただけますか』

すると夫人はさらに扉を大きく開けて、『なぜここの鶏がドミニク種だとわかったのですか』と聞いてきました。私の話に少し興味を持ったようでした。

『実は私も家で鶏を飼っているのです』と私は答え、『それにしても、こんなに素晴らしいドミニク種は、これまで見たことがありませんよ』と夫人に伝えました。

『それなら自分の卵を使ったらどうですか』と、まだ私を疑っている様子です。

そこで私はこう続けました。『私の家の鶏はレグホーン種なので、白い卵しか産みません。料理をされているならおわかりでしょうが、ケーキをつくるには茶色の卵を使うに限りますよね。私の妻は、ケーキづくりにはちょっとうるさいんですよ』

こんな会話を交わすうちに、夫人も次第になごやかになって、ポーチに出てきました。その間、あたりを見まわすと、この農場には立派な酪農設備があることに気づきました。

『実際のところ、ドラッケンブロッドさん』と私は切り出してみました。『ご主人が酪農で稼ぐよりも、あなたの鶏のほうが稼ぎが多いでしょうね』

まさに私の読みは的中。夫人はまさにそのことを自慢したかったのでした。しかし、悲しいかな夫人は、これまで高齢で石頭の夫に認めさせることができなかったのです。

夫人は自分の鶏舎に案内してくれました。見学してみると、鶏舎の随所に夫人がさまざまな工夫をこらしているのに気づきました。私は夫人に〝惜しみなく心からほめる〟ための賞賛の言葉を贈りました。そして、餌や室温について助言したり、逆に夫人からいくつかの助言をもらったりと、二人は楽しみながらお互いの経験から得た知識を交換しました。

すると、夫人は近隣の農家が最近、養鶏場に電球を取り付けてとてもよい結果が出ているようだと話してくれました。同じようにしたら自分もうまくいくかどうか、私の意見を聞きたかったのです。

二週間後、ドラッケンブロッド夫人を訪ねると、ドミニク種の鶏たちは電灯の光に照らされて、のびのびと鳴き声を上げたり、あたりを引っ掻いたりしていました。私は電気を受注し、夫人はより多くの卵を手にして、誰もが満足し、利益を得たのです。

しかし、ここで強調したいのは、もし私が最初に、このペンシルバニア・ダッチの農家夫人にしゃべらせていなかったら、電気の売り込みは絶対に成功しなかったということです。

相手に押し売りはできません。買う気にさせねばならないのです」

自分がしゃべるよりも人に好きなだけしゃべらせるのは、仕事に限らず家庭内でも効果がある。バーバラ・ウィルソンと娘ローリーとの間柄は急速に悪化していた。ローリーは静かな、おっとりした子供だったのに、親の言うことを聞かない反抗的なティーンエイジャーになってしまった。バーバラはこの娘にお説教したり、おどしたり、罰を与えたりしてみたが、全然効果がなかった。

「ある日のこと、ローリーは私が止めるのも聞かず、家の中の片づけも放ったらかしで、友達のところへ遊びに出かけました。ローリーが帰ってきた時、いつものようにどなりつけてやりたかったのですが、もうその気力もありません。『ローリー、いったいあなたは、どうしてそうなの？』とだけ悲しみを込めて言いました。

ローリーはその様子を見て、静かな声で尋ねました。『お母さん、本当に知りたいの？』。私がうなずくと、ローリーは最初ためらいがちでしたが、やがて、すらすらとしゃべり出しました。それまで私は、娘の話に耳を傾けてやることなどまるでありませんでした。命令ばかりしていたのです。ローリーが自分の考えや、感じていることなどを話しはじめると、すぐにその言葉をさえぎって、命令するのでした。指図すればうまくいくと思ったからです。しかし、私は今やっとわかってきました。ローリーは母親の私を必要としていたのです。ただし、やたらに命令する母親ではなく、気持ちを打ち明ける相手、大人になっていく過程で経験する迷いについて相談できる相手としての母親を必要としていたのです。これまでは、娘の言うことに耳を傾けてやるべき時に自分ばかりしゃべりまくっていました。娘の話には全然耳を貸そうとしなかったのです。

この時以来、ローリーが私に話したいことがありそうな時は、思う存分しゃべらせることにしました。娘は自分の胸の中をすべて話してくれます。その結果、母娘の間柄はとてもよくなりました。ローリーは素直によく協力してくれます」

ニューヨークの新聞の経済欄に〝経験ある優秀な人物〟を募集する大きな広告が出ているのを

見て、チャールズ・キュベリスという男が応募した。数日後、彼のもとに面接の通知が届いた。面接の前に、彼はウォール街に出かけて、その会社の設立者について詳しく調べた。面接の際、彼は「こういう立派な業績のある会社で働くことができれば本望だと思います。聞くところによりますと、二十八年前にほとんど無一文から机一つでこの会社をはじめられたそうですが、本当でしょうか」と社長に尋ねた。

だいたいにおいて、成功者と称せられる人は、若い頃にたどったいばらの道を回想したがるものだ。この人も、その例外ではなかった。わずか四百五十ドルの資金と独自のアイディアだけではじめた当時の苦心を、長々と話し出したのである。日曜、祝日も休まず、一日十二時間から十六時間働き、あらゆる困難と闘って、ついに現在の地位を築き上げ、今ではウォール街の重要人物たちが、彼の意見を求めにやってくるようになったという。彼は確かに自慢する値打ちのある成功を収めた人物で、その話を聞かせるのが、いかにも楽しそうだった。苦心談が終わると、彼はキュベリスの履歴について簡単な質問をしたあと、副社長を呼んで「この方は、きっと会社のために役立つ人物だと思う」と言った。

キュベリスは、相手の業績を調べる手数をかけた。相手に関心を示したのである。そして、相手にしゃべらせて、好印象を与えたのだ。

事実、友達同士の間柄でも、相手の自慢話を聞くよりも、自分の手柄話を聞かせたいものなのだ。

フランスの哲学者ラ・ロシュフコーの言葉に、こういうのがある。

「敵をつくりたければ、友に勝つがよい。味方をつくりたければ、友に勝たせるがよい」

その理由はこうだ。人間は誰でも、友より優れている場合には重要感を持ち、その逆の場合には、劣等感を持って羨望や嫉妬を起こすからである。

自分の自慢話は極力抑えよう。謙虚になろうではないか。そうしていれば間違いない。

誰もが人生の終わりを迎え、百年もすれば世間から完全に忘れ去られてしまうのだから、謙虚になるべきなのだ。自分の手柄話で相手を退屈させるには人生は短すぎる。その代わりに、相手に存分にしゃべらせるのだ。もし相手を自分の考えに引き入れたいのであれば、次の原則を使ってほしい。

人を説得する原則❻

相手にしゃべらせる。

7 思いつかせる

人から押しつけられた意見よりも、自分で思いついた意見のほうを、我々は、はるかに大切にするものである。すると、人に自分の意見を押しつけようとするのは、そもそも間違いだと言える。暗示を与えて、結論は相手に出させるほうが、よほど利口だ。

こういう例がある。私の講習会にきていたフィラデルフィアのアドルフ・セルツの話である。自動車販売の不振から、部下のセールスマンたちがすっかり元気を失っていたので、彼らを激励する必要に迫られ、販売会議を開いて、彼らの要求を遠慮なく発表するようにすすめた。彼らの要求事項を黒板に書きつけたあと、部下たちに向かってこう言った。

「諸君の要求は全部いれることにしよう。その代わり、私にも諸君に対して要求がある。私の要求を諸君がどうやって満たしてくれるのか、その決心を聞かせてもらいたい」

部下たちは、即座に答えた。忠誠を誓う者があるかと思えば、正直さや積極性、楽天主義、チーム・ワークを約束する者、一日八時間の実働を申し出る者、なかには十四時間労働もあえていとわぬという者も出た。会議は、勇気とひらめきを新たにして終わり、その後、販売成績は大きく躍進したという。セルツはこう言っている。

「彼らは、一種の道義的契約を私と結んだのだ。私がその契約に従って行動する限り、彼らもまた、そのとおりに行動しようと決心したのだ。彼らの希望や意見を聞いてやったことが、起死回生の妙薬となったのだ」

人に押しつけられているのだとか、命令されているのだとかいう感じは、誰にしろ嫌なものだ。それよりも、自主的に行動しているのだという感じのほうが、はるかに好ましい。自分の希望や欲望や意見を人に聞いてもらうのはうれしいものだ。

ユージン・ウェッソンの例を見てみよう。彼はこの真理を会得するまでに、手数料を数千ドル儲け損なった。ウェッソンは、スタイリストや繊維メーカー向けのデザインを製作するスタジオに下絵を売り込むのが商売だった。彼は、ニューヨークのある一流スタイリストを、三年間、毎週訪問していた。ウェッソンは語る。

「彼はいつも会ってくれたが、決して買ってはくれない。私の下絵を入念に見て、必ず『駄目ですね、ウェッソンさん。今日のはどうも気に入りません』と言った」

百五十回失敗を重ねた末、ウェッソンは、頭を切り換える必要があると思った。そこで彼は、人を動かす法についての講習会に、週一回出席する決心をした。そして、新しい考え方を学び、新たな熱意を奮い起こした。

彼は新しいやり方を試そうと、未完成の下絵を六枚持って買い手の事務所へ駆けつけた。

「実は、ここに未完成の下絵を持ってきていますが、これをどういうふうに仕上げたら、あなたのお役に立つでしょうか。差し支えなければ、教えていただきたいと思います」

そう言って彼が頼むと、買い手は下絵を無言のまま眺めていたが、やがて「ウェッソン君、二、三日預かっておくから、もう一度来てください」と言った。

三日後、ウェッソンは再び買い手を訪ね、いろいろと意見を聞いた上、下絵を持ち帰り、注文どおりに仕上げた。その結果は、もちろん全部買い上げということになった。

それ以来、この買い手はたくさんの下絵をウェッソンに注文している。買い手のアイディアに従って描かれたことは言うまでもない。ウェッソンはこう言っている。

「何年間も売り込みに失敗していたのも無理のない話だと、ようやくわかった。それまで私は、こちらの意見を押し売りしようとしていたのだ。今は逆に相手に意見を述べさせている。相手は自分がデザインを創作しているつもりになっている。事実、そのとおりなのである。だからこちらが売りつける必要はない。相手が買うのだ」

セオドア・ルーズヴェルトがニューヨーク州の知事であった頃、目覚ましい業績を上げたことがある。政界のボスたちと良好な関係を保ちながら、彼らが激しく嫌っていた改革を断行したのだ。

その時のやり方を紹介しよう。

重要な役職を任命する時に、彼はボスたちを招いて候補者を推薦するよう依頼した。ルーズヴェルトは次のように説明している。

「彼らが最初に推薦してくる人物は、たいてい党で面倒を見てやらなければならないような、ろくでもない人間だ。私は、そういう人物は市民が承知しないであろうから駄目だと言ってやる。

二番目に彼らが推薦する人物も、どうせ党の手先で、可も不可もない役人の古手だ。私は、ボスたちに、もっと市民に納得のいく、適任者を探してくれと頼む。

三番目は、もう少しで合格に近いが、今ひと息というところ。

私はボスたちの協力に感謝して、もう一度だけ考え直してくれと頼む。すると、四番目は、いよいよ私の意中の人物と合致する。そこで彼らに感謝して、その人物を任命することになる。つまり、彼らに花を持たせてやるわけだ。最後に、私は彼らに向かって『あなた方に喜んでいただくためにこの人物を任命しますが、次はあなた方が私を喜ばせてくださる番ですね』と言ってやる」

事実彼らは、ルーズヴェルトを喜ばせることになった。彼らは公務員法案とか独占税法案などの大改革草案を支持したのである。

ルーズヴェルトは相手との相談に充分な時間をかけ、相手の意見に敬意を払うために、多大な労力をかけたことを忘れてはならない。重要な役職を任命する時、ボスたちに候補者を選定したのは自分の発案だと思わせたのである。

これと同じ心理を応用して、あるX線装置製造業者が、ブルックリンの大病院に自社製品を売り込んだ。この病院は増築中で、アメリカ随一のX線科を創設しようとしていた。それぞれ自社製品の能書きを並べ立ててX線装置を売り込もうと押し寄せてくるセールスマンの群れに、X線科担当のL医師は、ほとほと手を焼いていた。

なかに巧妙な業者がいた。彼は、他の業者とはくらべものにならないほど巧みに人間の心理をとらえた、次のような手紙をL医師に届けたのである。

「当社では最近X線装置の最新型を完成いたしました。ちょうど今、第一回の製品が事務所に到着したところです。もちろん今回の製品も完全なものとは決して思っておりません。今いっそう改良に努力したいと考えております。つきましては、大変ご迷惑とは存じますが、一度、先生のご検分を賜わり、改良の方法につきご意見をお聞かせ願えれば、このうえもない幸せと存じます。ご多忙のことと存じますので、ご一報くだされば、いつなりともお迎えの車を差し向ける用意をいたしております」

講習会で、L医師はこの時の話をした。

「この手紙は意外だった。意外であると同時にうれしくもあった。私はそれまで、X線装置製造業者から意見を求められたことは一度もなかった。この手紙は、私に重要感を与えたのである。その週は毎晩約束があったが、その装置を検分するために、ある晩の約束を取り消した。その装置は、見れば見るほど気に入った。

私はそれを売りつけられたのではない。病院のためにその装置を買うことにしたのは、私の気持ちが自発的に動いたからである。その装置の優秀さにほれ込んで、契約を結んだのだ」

ラルフ・ワルド・エマーソンは、『自己信頼』と題するエッセイの中でこう述べている。「天才の作品のどれをとってみても、その中には我々自身が捨ててしまった考え方があると気づく。それらの考え方は、ある種の威厳をたたえて、我々のもとに戻ってくるのである」

ウッドロー・ウィルソンが大統領在任中、エドワード・ハウス大佐は、国内および外交の諸問題について大きな影響力を持っていた。ウィルソンは重要問題の相談相手として、ハウス大佐を閣僚以上に信頼していた。

大佐はどういう方法で大統領の信頼を勝ち得たか。幸い大佐自身がアーサー・スミスにそれを打ち明け、スミスはサタデー・イブニング・ポスト誌に、そのことを書いている。

「ハウス大佐は、大統領について次のように語っている。『大統領を知るようになってから、気がついたことだが、彼をある考えに導くには、それを何気なく彼の心に植えつけ、彼に関心を持たせるようにすることが、一番よい方法だった。つまり、彼が自主的にそれを考えついたと思わせるようにすることだ。最初、私はふとしたことからこのことを知るに至った。ある日、私はホワイト・ハウスに大統領を訪れ、ある問題について論じ合った。彼はどうやら反対のようだった。ところが数日後、晩餐会の席上で彼の発表した意見が、前に私が彼に話したのと、そっくり同じだった。これには私も驚いた』」

そこで、ハウス大佐は「それは、大統領のご意見ではないでしょう。もともと私の意見です」と反論しただろうか。大佐は、決してそうは言わなかった。役者が一枚上だった。大佐は名よりも実を欲した。その意見は、どこまでも大統領のものと、大統領自身にも、また他の者にも思わせておいた。大統領に花を持たせたのだ。

我々の交渉相手は皆、この話のウィルソンと同じ人間と考え、ハウス大佐の方法を大いに利用しようではないか。

数年前のことだが、カナダのニューブランズウィック州に住む一人の男が、この手を使って、私をひいき客の一人にしてしまった。その時の話はこうだ。私は魚釣りと舟遊びを兼ねてニューブランズウィックへ出かける計画を立て、旅行案内所に問い合わせの手紙を出した。こちらの住所氏名がリストに載ったのだろう、たちまちキャンプ場や旅行案内所から大量の手紙やパンフレット、小冊子が殺到した。いったいどれがよいのか、さっぱりわからない。ところが、あるキャンプ場からきた案内状にとても気の利いたのがあった。その案内状には、かつてそのキャンプ場に泊まったことのあるニューヨーク在住の人たちの名前と電話番号がずらりと並べてあって、その人たちに電話で、キャンプ場の様子を問い合わせてみてくれるようにと書いてあった。

驚いたことに、その名簿の中に知人の名が出ているではないか。私は早速、その知人に電話をかけて問い合わせた。そして、そのキャンプ場に予約を申し込んだ。

他の者は、私に売りつけようとしたのだが、このキャンプ場の主人は、私に買いたくなる気持ちを起こさせたのだ。彼の勝ちだ。

二千五百年前に、中国の賢人老子が、現代にも通用する言葉を残している。

「川や海が数知れぬ渓流の注ぐところとなるのは、身を低きに置くからである。そのゆえに、川や海はもろもろの渓流に君臨することができる。同様に、賢者は、人の上に立たんと欲すれば、人の下に身を置き、人の前に立たんと欲すれば、人の後ろに身を置く。かくして、賢者は人の上に立てども、人はその重みを感じることなく、人の前に立てども、人の心は傷つくことがない」

人を説得する原則❼

相手に思いつかせる。

8 人の身になる

相手は間違っているかもしれないが、相手自身は、自分が間違っているとは決して思っていないのである。だから、相手を非難してもはじまらない。非難は、どんな馬鹿者でもできる。理解することに努めねばならない。賢明な人間は、相手を理解しようと努める。

相手の考え、行動には、それぞれ、相当の理由があるはずだ。その理由を探し出さねばならない。そうすれば、相手の行動、相手の性格に対する鍵まで握ることができる。

本当に相手の身になってみることだ。

「もし自分が相手だったら、果たしてどう感じ、どう反応するだろうか」と自問自答してみるのだ。これをやると、腹を立てて時間を浪費するのが、馬鹿馬鹿しくなる。原因に興味を持てば、結果も受け入れやすくなるのだ。おまけに、人の扱い方が一段とうまくなる。

ケネス・グードは、その著書でこう言っている。

「自ら顧みて、自分に対する強烈な関心と、自分以外の者に対するいい加減な関心とを比較し、次に、その点については、人間は皆同じだと考えれば、あらゆる職業に必要な原則を把握することができる。すなわち、人を扱う秘訣は、相手の立場に同情し、それをよく理解することだ」

サム・ダグラスの妻ジョーンは、ニューヨーク州ヘンプステッドにある自宅の庭の手入れに大変な時間を費やしていた。少なくともサムの目にはそう映った。ジョーンが肥料をやり、草取りをし、芝生の手入れをするのは、無駄な労力だと感じていた。サムは、四年前に引っ越してきた時と比べて、いっこうに見た目がよくならないじゃないかと馬鹿にしていた。

ジョーンはサムの批判をどう思っただろうか。ご想像のとおりである。口喧嘩になり、その一日が台なしになってしまった。

サムは、妻がなぜこんな無駄な労力に時間を費やしているのかを考えはじめた。そうして、妻は何も芝の美しさを競う大会に出たいわけではなく、芝の手入れ自体がとても楽しくて心が休まるからかもしれないと気づいた。夫からくどくどと嫌味を言われるよりは、自分の仕事ぶりを心からほめてもらいたいに違いないと思った。サムは、自分が何と馬鹿であったかと思い知り、改心することを誓ったのであった。

ある日の夕方に、ジョーンから雑草を抜く手伝いをしてほしいと頼まれた。最初はいったん断ったが、妻に対するこれまでの無神経なふるまいを償うよい機会だと思い直し、庭に出て妻の草取りを手伝いはじめた。妻はとても喜んでくれた。一時間ほど草取りをしているうちに、二人の間で会話がはずんだ。サムも妻との作業を楽しんだ。

その後、サムはよく庭の手入れを手伝うようになり、まるでコンクリートのように硬い地面から、少しばかりとはいえ芝生を育てる妻の仕事ぶりをほめるようになった。

あの日の夕方、妻の草取りを手伝ったことで、妻が芝生を育てることへの健全な感謝の心が生まれただけでなく、夫婦の関係がさらに深まったのだ。

ジェラルド・ニーレンバーグ博士は著書『人とつきあう法』の中で、次のように述べている。

「自分の意見を述べるだけでなく、相手の意見をも尊重するところから、話し合いの道が開ける。まず、話し合いの目的、方向をはっきりさせて、相手の身になって話を進め、相手の意見を受け入れていけば、こちらの意見も、相手は受け入れる」

オーストラリアのニューサウスウェールズ州に住むエリザベス・ノヴァクは、ローンで買った車の支払いが六週間も遅れていた。

「ある金曜日のこと、車のローンを担当している男から、意地の悪い電話がかかってきました。月曜日の朝までに百二十二ドル用意できなかったら、しかるべき措置をとるというのです。週末のことで、お金は都合のつけようがありません。そのまま月曜日の朝を迎えた私に早速電話がかかってきました。最悪の事態を覚悟しましたが、取り乱してはいけないと思い、まず、相手の立場で事態を眺めてみようと考えました。そこで、面倒をかけたことを心からわびて、私のように何度も支払いを遅らせる客は最低の部類でしょうと言いました。すると、相手の声が急に和らぎ、

『とんでもない』と言って、なかには実に乱暴で不作法な客もあり、また、嘘をついたり、逃げまわったりする客さえもあると、例を挙げて話してくれました。私は口をはさまず、彼の言うことに耳を傾け、彼が存分に悩みをぶちまけるままにさせておきました。やがて、彼は、私が頼んだわけでもないのに、今すぐ全額払ってもらわなくてもよい、と言い出しました。月末までに二十ドル払い、あとは都合がつき次第、払ってくれれば結構だと言いました」

他人に物を頼もうとする時には、まず目を閉じて、相手の立場から物事をよく考えてみようではないか。「どうすれば、相手はそれをやりたくなるだろうか」と考えてみるのだ。この方法は面倒には違いない。だが、これによって味方が増え、よりよい結果がたやすく得られる。

ハーバード大学のディーン・ドナム教授はこう言っている。

「私は人と面接する場合には、あらかじめ、こちらの言うべきことを充分に考え、それに対して相手が何と答えるか、はっきりと見当がつくまでは、相手の家の前を二時間でも行ったり来たりして、中へ入らない」

本書を読んで、相手の立場になって物事を見きわめるということさえ会得すれば、本書はあなたのこれからの人生にとって、大切な足がかりの一つとなるだろう。

人を説得する原則❽

人の身になる。

9 同情を寄せる

口論や悪感情を消滅させ、相手に善意を持たせて、あなたの言うことを、大人しく聞かせる魔法の文句を披露しよう。

「あなたがそう思うのは、もっともです。もし私があなただったら、やはり、そう思うでしょう」。こう言って話をはじめるのだ。

どんなに意地悪な人間でも、こういうふうに答えられると、大人しくなるものだ。しかも相手の立場になれば、当然相手と同じ考えを持つわけだから、この文句には百パーセントの誠意がこもるはずだ。仮に我々がアル・カポネとまったく同じ精神と肉体を持って生まれ、まったく同じ環境に育ち、まったく同じ経験を積んだとすると、アル・カポネと寸分違わぬ人間になり、アル・カポネと同じことをやるはずだ。我々が毒ヘビでない唯一の理由は、我々の両親が毒ヘビでなかったからだ。我々がワニを崇拝しない唯一の理由は、我々が古代エジプトのファラオの時代に生まれなかったからだ。そして、もし西太平洋の離島であるヤップ島に住んでいたら、山羊一頭を買うのに巨大な石の貨幣を使っていたかもしれない。

我々の人となりには、自分が手を下してつくった部分は、ほんのわずかしかない。したがって、我々の接する相手が、どんなにいら立っていたり、偏屈だったり、わからずやだったとしても、その責めをすべて本人に帰するわけにはいかない。気の毒だと思ってやるべきだ。同情してやることだ。そしてこう考えるのだ。

「もし神様のお恵みがなかったら、この相手が、私自身の姿なのだ」

我々が交渉を持つ相手の四分の三は皆、同情に飢えている。それを与えてやるのだ。好かれることはうけあいである。

『若草物語』の著者ルイーザ・メイ・オルコットのことを、私はラジオ番組で話したことがある。もちろん、私は彼女がマサチューセッツ州のコンコードで不朽の小説を書いたことを知っていたのだが、どうしたはずみか、ニューハンプシャー州のコンコードに住んでいたと言ってしまった。それも、一度ならず二度も言ったのだから言語道断だ。たちまち鋭い非難の手紙や電報が舞い込んだ。憤慨しているのが大多数だが、なかには侮辱しているのもあった。メイフラワー号の子孫で、マサチューセッツ州のコンコード育ちフィラデルフィア在住の一女性は、ことにひどい剣幕だった。たとえ私がオルコットは人食い人種だと言ったとしても、これ以上怒れないだろう。私は手紙を読みながら、「神様、ありがとうございます。この女性と結婚していなくて助かりました」と心の中で言った。私のは地理的な間違いだが、彼女は礼儀上の大間違いをやっているのだ。そう書いて返事を出してやりたかった。だが、それはどんな馬鹿者にでもできる。馬鹿者はたいていそうするものだと気がついた。
私は馬鹿者にはなりたくなかった。そこで彼女の敵意を好意に変えてみようと決心した。いわば、一種の遊戯だ。私は自分に言って聞かせた。
「もし私が彼女だったら、やはり彼女と同じように感じたに違いない」
そこで私は、相手の立場を理解しようと努めた。その後、フィラデルフィアに行った時、彼女に電話をかけて次のような会話を交わした。
私――先日は、わざわざお手紙をいただきまして、本当にありがとうございました。電話で失礼ですが、お礼を申し上げます。
彼女――（しっかりした上品な口調で）失礼ですが、どちらさまでしょうか。
私――まだお目にかかったことはございませんが、デール・カーネギーと申します。先日、私がオルコットのことをラジオで話した際、マサチューセッツとニューハンプシャーとを取り違え、とんでもない間違いをいたしましたのを、ご存じのはずですが、本当に私が至らなかったのです。おわび申し上げます。ご親切にお手紙までくださいまして、何とお礼を申し上げてよいかわかりません。
彼女――まあ、それは失礼いたしました。あのようなお手紙を差し上げて、きっとどうかしていたのですわ。私のほうこそおわび申し上げねばなりません。

私――いや、あなたがおわびをなさる必要は少しもありません。小学校の生徒でも知っていることを間違えたのですから。とりあえずあの次の日曜日の放送でおわびしておきましたが、あなたにはじかにおわび申し上げたいと思います。

彼女――私はマサチューセッツ州のコンコードで生まれました。もともと私の家はマサチューセッツでも昔からの家柄で、私は自分の生まれた州を大変誇りに思っています。それで、あなたのラジオ番組をお聞きして、ついあのような手紙を書いてしまいました。まことにお恥ずかしい次第でございます。

私――いや、恥ずかしいのは私です。私が間違えても、別にマサチューセッツの名誉に傷はつきませんが、私としてはとても心を痛めました。本当に、よく知らせてくださいました。今後ともよろしくご指導のほどお願いいたします。

彼女――あんなに失礼な手紙を差し上げましたのに、少しもお怒りにならないのは、とてもご立派な方だと思います。私のほうこそ、どうぞよろしくお願いいたします。

こうして、私が彼女にわびて、彼女の立場に同情すると、彼女も私にわび、私の立場に同情してくれた。私は一時の腹立ちを我慢した甲斐があったと思い、晴れ晴れした気持ちになった。相手をやっつけるよりも、相手に好かれるほうが、よほど愉快である。

歴代の大統領たちは、毎日厄介な人間関係の問題に直面する。タフト大統領もその例に漏れなかった。彼は経験によって、悪感情を中和するのに同情が絶大な力を持っているのを知った。タフトの著書『奉仕の倫理学』の中には、興味ある実例を挙げ、どのようにして人の反感を和らげたか述べている。その一節を紹介しよう。

「ワシントンの一女性が、息子をある地位につかせようと、六週間あまり毎日私のもとに通い続けた。彼女の夫は政界でも多少名の通った男である。彼女は大勢の議員を味方に引き入れ、猛運動を続けた。だが、その地位は専門的な技術を必要とするので、私はその部局の責任者の推薦に従って他の男を任命した。彼女からは恨みの手紙がきた。私がその気になれば、わけなく彼女を喜ばせることができたのに、それをやらなかったのは恩知らずだという。私が特に関心を持っていた法案を通過させるために、彼女は地元選出の議員全部を説き伏せてその法案を支持させたにもかかわらず、恩を仇で返されたというわけだ。

こういう手紙をつきつけられれば、誰でも腹にすえかね、無礼を懲らしめたくなるだろう。そこで早速反論の手紙を書く。ところが賢者はそれをすぐには出さない。机の引き出しにしまい込んで鍵をかけ、二、三日してから取り出す。そういう手紙は、二、三日遅れたところで差し支えはない。冷却期間を置いて読み直してみると投函する気がしなくなる。私はこの賢者の方法をとった。私は改めて彼女にできるだけ丁寧な手紙を書き、彼女の失望は充分察するが、あの人事は実際において私の気持ちだけでは自由にできず、専門的な技術を持つ者でなければならなかったので、局長の推薦に従わざるをえないことになったのだが、了承願いたいと言った。また彼女の息子は、現在の職についていても、彼女の期待にこたえることは充分にできるはずだから、大いに努力してほしいと強調しておいた。この返事で彼女は機嫌を直し、あのような手紙を書いて申しわけなかったとわびてきた」

もしあなたが、町の一流ホテルの支配人に、エスカレーターを丸一日止めなければならないと伝える立場にいたらどうするであろう。高級なサービスを受けたいと高い金を払った宿泊客の怒りを買う危機に立たされたら、どうするであろうか。

まさにジェイ・マンガムがこの状況に直面していた。彼は、オクラホマ州タルサの一流ホテルからエレベーター・エスカレーターの保守を請け負う会社の経営者だった。ジェイは、すべてが予定どおりにうまくいっても、停止中のエスカレーターを再び動かすのはかなり難しい作業になるとわかっていた。ホテルの支配人は、客に不便をかけるのは二時間が限界だという。ジェイは修理に最低八時間はかかると見込んでいた。というのも、ジェイの会社は、ホテルの都合に合わせて特別な資格を持った整備工を常駐させていなかったからだ。

それでも何とか整備工を確保すると、ジェイはホテルの支配人に電話をかけ、修理に必要な時間には触れずに、次のように切り出した。

「支配人、お宅のホテルは忙しいので、エスカレーターの使用中止時間を最小限にとどめたい気持ちは充分わかっています。ですから、できるだけご希望に沿うように努力しますが、エスカレーターの調子からいって、今完全な補修をしておかないと、損傷が激しくなって、今度はうんと長い時間止めないと修理ができないようになってしまいますよ。何日間もエスカレーターが止まったらお客さんも困るでしょう」

何日間もエスカレーターが止まるのとくらべれば、八時間のほうがよほどましなわけで、支配人も承知せざるをえなくなった。つまり、客への支配人の気持ちに同情することで、マンガムは、やすやすと、恨まれることもなく、支配人を自分の考えに同調させることができたわけだ。

ソル・ヒューロックは、アメリカで一番の興行師だった。彼は半世紀近くにわたって、シャリアピン、イサドラ・ダンカン、パヴロワというような世界的芸術家たちと交渉を持ってきた。ヒューロックから私が直接聞いたところによると、気難しい芸術家たちをうまく動かすには、彼らの並み外れた個性に対する同情が必要で、それを彼は何よりも先に学んだそうである。

彼はフョードル・シャリアピンのマネジャーを三年間務めたが、この大歌手にはいつも手こずらされた。たとえば夜、舞台に立つことになっているのに、昼頃、電話で「気分が悪い。のどの具合がよくないので、今夜は歌えない」と言ってくることがよくあった。ヒューロックは心得たもので、決して逆らわない。マネジャーは芸術家と議論は無用だということをよくわきまえていた。すぐにシャリアピンのホテルに駆けつけ、しきりに同情してみせる。

「お気の毒ですね。もちろん、今夜は歌わないほうがよろしい。取り消しましょう。無理に歌って評判を落とすよりも、二千ドルの契約を取り消すほうが、はるかにあなたのためです」

すると、シャリアピンはため息をついて、「もうしばらくしてから、来てみてくれないか。五時頃には、出演できるかどうかわかるだろう」と言う。

五時になると、またホテルに駆けつけて、前と同じように同情を示し、無理をしないようにとすすめると、シャリアピンは「今しばらくすれば、よくなるかもしれない。もう一度出直してくれないか」と答える。

七時三十分、開演直前になって、シャリアピンはようやく出演を承知する。ただし、前もって聴衆に、かぜでのどを痛めていると断っておくという条件がついている。ヒューロックはそのあたりの呼吸を充分飲み込んでおり、聴衆にそのとおり伝えたと、シャリアピンをだまして、舞台に立たせる。それ以外に方法はないからだ。

アーサー・ゲイツ博士の有名な著書『教育心理学』に、こういうことが書いてある。

「人間は一般に、同情をほしがる。子供は傷口を見せたがる。時には同情を求めたいばかりに、自分から傷をつけることさえある。大人も同様だ。傷口を見せ、災難や病気の話をする。ことに手術を受けた時の話などは、事細かに話したがる。不幸な自分に対して自己憐憫《れんびん》を感じたい気持ちは、程度の差こそあれ、誰にでもあるのだ」

だから、相手を自分の考えに引き入れたいならば、次の原則を実践することだ。

人を説得する原則❾

相手の考えや希望に対して同情を寄せる。

10 美しい心情に呼びかける

私の生家の近くに有名な悪党ジェシー・ジェイムズの住んでいた農園があった。この農園にはその頃ジェシーの息子が住んでいた。私は息子の妻から、ジェシーが列車や銀行を襲った時の様子や、奪った金を近隣の貧しい農民たちに与えた話などを聞いた。

ジェシー・ジェイムズも、ギャングのダッチ・シュルツや二丁拳銃のクローリー、アル・カポネたちと同じく、自分では理想主義者だと思っていたらしい。あらゆる人間は、自分自身を立派な没我的な人物だと思いたがるのだ。

アメリカの大銀行家のJ・P・モルガンは、人間の心理を分析して「通常、人間の行為には二つの理由がある。一つは、いかにも美しく潤色された理由、もう一つは真実の理由である」と言っている。

真実の理由は、他の者がとやかく言わなくても、当人にはわかるはずだ。人間は誰でも理想主義的な傾向を持ち、自分の行為については、美しく潤色された理由をつけたがる。そこで、相手の考えを変えるには、この美しい理由をつけたがる気持ちに訴えるのが有効だ。

これを仕事に応用するとどうなるか。ペンシルバニア州グレノルデンで不動産会社を経営しているハミルトン・ファレルの経験を聞こう。ファレルのアパートに、契約期限の四か月前にどうしても引っ越すという男がいた。以下はファレルが私の講習会でした話である。

「この一家は、私のアパートで冬を過ごしていた。冬は一年中で最も経費のかかる時期だ。秋になるまでおそらく新しい入居者は見つからないだろう。つまり、私にしてみれば、秋までの家賃収入がふいになってしまうわけだ。私は腹が立った。

普通なら、私は契約書をつきつけて、無理に引っ越すというなら契約期間全部の家賃を払っていけ、とおどかしたことだろう。法的な問題はなく、よほどそうしようかと思った。

だが、そういう大騒ぎをしないで済む方法はないかと考え、次のように言ってみた。

『お話はよくわかりましたが、私にはどうしてもあなたが引っ越されるとは思えません。長い間この道で苦労した私には、人を見る目ができていますが、あなたは約束を破るような人ではないと見抜いています。これだけは、賭けをしてもよいと思います』

私は、さらに言葉を続けて、こう言った。『ところで、一つお願いがあるのですが、この問題はそのままそっとしておいて、二、三日後に改めて考えていただけないでしょうか。それでもなお、お気持ちが変わらないようでしたら、あなたのお考えどおりにいたしましょう。私の判断が間違っていたとあきらめるより仕方がありません。とにかく、あなたは約束を反古《ほご》になさるような方ではないと、固く信じていますが、互いに人間のことですから、思い違い、考え違いもあるかもしれません』

数日後、その男は自分で家賃を払いにきた。彼は妻とよく相談して、引っ越しを思いとどまることにしたらしい。結論は、やはり契約を実行することが人間として一番大切だということになったそうだ」

新聞王と呼ばれたノースクリフ卿は、ある時、公開したくない自分の写真が新聞に出ているのを見つけて、その編集長に手紙を書いた。しかし、「私の気に入らないから、あの写真は以後、新聞に発表しないでくれ」とは書かなかった。彼はもっと美しい気持ちに訴えた。誰もが抱いている母への尊敬と愛情に訴えて、「あの写真は、もう新聞に発表しないでいただきたい。母が大変嫌がるものですから」と書いたのだ。

ジョン・ロックフェラー二世も、彼の子供たちの写真が新聞に出ることを防ぐために、人間の美しい心情に訴えた。「子供たちの写真を新聞に発表することは、この私が不賛成だ」とは言わず、幼い子供たちを傷つけたくないという万人共通の心情に訴えた。「あなた方の中にも子供のある方がいておわかりだと思いますが、あまり世間が騒ぎ立てるのは、子供にとってかわいそうです」

サイラス・カーティスは、有名なサタデー・イブニング・ポスト誌とレディース・ホーム・ジャーナル誌の創始者だが、メイン州の貧家に生まれ、巨万の富をなした立志伝中の人物である。

最初、彼は他社並みの原稿料を払う能力がなかった。まして一流の作家に払うほどの原稿料はとても出せなかったので、相手の美しい心情に訴えることを考えた。たとえば、当時絶頂期にあった作家ルイーザ・メイ・オルコットには、ぜひ原稿を書いてもらいたいと頼んで、百ドルの小切手を書いたが、その小切手は、彼女自身に渡したのではなく、彼女が熱心に支持している慈善団体へ送って、成功した。

読者の中には、「そういう手は、ノースクリフ卿やロックフェラー二世や感傷小説の作家にはうまくいくかもしれないが、手ごわい相手から貸金の取り立てをするような場合に、果たして通用するだろうか」と疑う人があるかもしれない。

もっともな話だ。役に立たない場合もあるだろうし、人によっては通用しないかもしれない。もしあなたがこれ以上の方法を知っていて、その結果に満足しているなら、別にこんな方法を用いる必要はない。しかし、そうでないのなら、一度試してみてはどうだろうか。

いずれにしても、次の話はジェイムズ・トーマスという男が、私の講習会で発表した体験談だが、なかなか興味深いものがある。

ある自動車会社で、修理代を払おうとしない客が六人いた。請求額全部について不承知な客はいないのだが、それぞれ、一部が不当だと言う。会社は修理のたびごとにサインを取っているのだから、絶対に間違いはないと信じ、かつ信じたとおりに客に言った。それがそもそも間違いだった。

つまり、集金係は次のような方法で未払い金の取り立てを行なったが、果たしてそれでよかったのだろうか。

一、各顧客を訪ねて、請求書を届けてから何か月にもなるのだから、今月は支払っていただきたいと正面からぶつかった。

二、請求書は絶対に間違っていない。したがって間違っているのはお客のほうだと、はっきり説明した。

三、自動車のことは、会社のほうが客よりもはるかによく知っている。だから、議論の余地はないと説明した。

四、その結果は、激しい議論になった。

こういうやり方で、客が勘定を払うかどうか、考えてみれば誰でもわかるだろう。

集金係はいよいよ法的な手段に訴えようとしたが、おりよく支配人がこれに気づいた。支配人が調査した結果、問題の客は、いずれも、普段は金払いがよい客だとわかった。どこかに間違いがあるのだ。集金の方法に何か根本的な誤りがあるのだろう。支配人はトーマスを呼んで、この問題を解決するように命じた。

トーマスのとった手段は次のとおりだった。

一、遅滞している修理代には一言も触れず、ただ、これまでの会社のサービス状態を調査したいから訪ねたのだと言った。
二、顧客の話を全部聞いてみないことには、私としてもどう考えたらよいのかわからないのだとはっきり伝え、会社側にも手落ちがあるかもしれないと言った。
三、私が知りたいのは顧客の車のことで、あなたの車についてはあなたが誰よりも一番よく知っており、あなたこそまさに権威だと言った。
四、相手にしゃべらせ、相手の期待どおりに同情と興味を持って、その言葉に耳を傾けた。
五、やがて、相手が冷静になったのを見定め、顧客の公正な判断に訴えた。つまり、彼の美しい心情に呼びかけたのである。「私どもが至らぬためにご迷惑をかけてまことに済みません。集金人の態度には、さぞお気を悪くされたことと思います。まったくけしからぬ話です。会社の代表として深くおわびいたします。お話をうかがって、あなたの公正で寛容なお人柄にすっかり感心しました。実はお願いがあるのですが、これはあなたでないとできない、そして、あなたが一番よく知っていらっしゃることなのです。ほかでもございませんが、この請求書です。これをあなたに訂正していただければ、私も安心できます。あなたが私どもの会社の社長になったつもりで訂正してください。万事おまかせして、ご訂正どおりにさせていただきます」

これが、見事に功を奏した。六人の客のうちただ一人だけ、あくまでも間違いだと言い張って一部の代金を払わない者がいたが、他の五人は皆、気持ちよく全額を払った。さらに特筆大書すべきことは、その後二年以内に、この六人の客から、それぞれ新車の注文を会社は受けたのである。

トーマスは、これについてこう言っている。

「顧客の信用状態が不明な時は、相手を誠実で正直な人物と見なし、そのつもりで取引を進めると間違いがないと、私は経験で知っている。要するに、人間は誰でも正直で、義務を果たしたいと思っているのだ。これに対する例外は、比較的少ない。人をごまかすような人間でも、相手に心から信頼され、正直で公正な人物として扱われると、好意的な反応を示すものなのだ」

人を説得する原則⓾

人の美しい心情に呼びかける。

11 演出を考える

何年も前の話だが、フィラデルフィア・イブニング・ブレティン紙にとって、ゆゆしい中傷問題が起きた。悪意のある噂が流布されたのである。同紙は大部分が広告ばかりで、記事が非常に少ないから、読者は興味を失っており、広告を出しても効果が薄いというのが、その噂だった。至急に対策を練って、噂の根を絶やさねばならない。

そこで、こういう方法がとられた。ブレティン紙は、平常の一日分の紙面から記事を全部抜き出して、それを分類し、一冊の本にまとめて出版したのである。その本は『一日』と題されて、三百七ページもあり、優に数ドルはすると思われた。それをわずか数セントで売り出したのだ。

この本は、ブレティン紙に面白い読み物が多数掲載されているという事実を、効果百パーセントで知らせたのだった。まことに鮮やかな演出ぶりと言わねばならない。単に数字を挙げたり話し合ったりしたのでは何日かかってもできないことを、一挙にやってのけたのである。

現代は演出の時代である。単に事実を述べるだけでは充分ではない。事実に動きを与え、興味を添えて演出しなければならない。興行的な手法を用いる必要がある。映画、広告など、皆この手法を使っている。人の注意を引くには、これによるのが何よりも有効だ。

ショーウィンドーの飾りつけを専門にしている人なら、演出の効果というものを充分知っているはずだ。たとえば、新しい殺鼠剤《さっそざい》の製造元が、小売店のショーウィンドーに、生きたネズミを二匹使って飾りつけをやらせたことがある。ネズミをウィンドーに入れた週は、売れ行きが普通の五倍にも伸びたという。

話しすぎは相手をうんざりさせるだけだ。逆効果である。人は演出、それもドラマ的な演出を好むのだ。たとえば、当時キャッシュレジスターの製造販売で知られたNCR社の例を挙げてみる。NCR社は、販売員たちに会社の考え方を伝えるには、ドラマ的な演出が最適であるとわかった。そこで、オハイオ州デイトンで三日間の販売大会を開催し、大金を費やして全米中から販売員を集め、大会に参加させた。販売員たちはこの大会に参加できたことに感謝した。長々とした説明を聞く必要がなかったからである。言葉による説明がまったくない大会であった。何とすべての販売案が、寸劇と簡単な図だけを使用して紹介されたのである。

従業員の一人であるジム・イーマンズは、ドラマ的な演出によって販売に成功した例を次のように語っている。

「先週、私は近所の食料品店を訪れたが、その店で使われているレジの機械はひどく旧式なものだった。私は店主のところへ行ってこう言った。

『あなたのお店では、お客さんがレジを通るたびに、お金を捨てているようなものですよ』

そして、実際にひとつかみの小銭を床に捨ててみせた。これを見て店主は、にわかに私の言葉に耳を傾けはじめた。この場合、言葉による説明だけでも店主の関心は引けたかもしれないが、小銭が床に落ちる音は、即座に彼の手を止めさせる迫力を持っていた。それで、私はこの店の古いレジ全部を新製品と取り替える注文をもらったのである」

インディアナ州ミシャワカのメアリー・ウルフは、職場で起きた問題で上司と相談しなければならなかった。月曜日の朝、部長に面会を申し入れたが、部長は忙しくて駄目。それでは週末までに面会の予定を入れてくれと秘書に頼むと、部長の日程が詰まっているので難しいが、何とかやってみようという。それからどうなったか、ウルフは、次のように説明する。

「結局、その週は待ちぼうけ。秘書に尋ねても、部長に会えない理由を聞かされるだけです。やがて金曜日の朝になりましたが、まったく音沙汰なし。どうしてもその週のうちに会っておきたかったので、どうすれば会ってもらえるか、必死に考えました。結局私が打った手はこうです。まず、正式の手紙を部長宛てに書き、『部長が今週中ずっとお忙しかったことはよく存じております。しかし、どうしてもお話をしなければならないことがございます』と述べて、その手紙に、要点を書き込めばよいだけの回答用紙と、私自身の宛て名を記した封筒を同封しました。返送を依頼した回答用紙は次のようなものです。

左記のとおり回答します。
一、面会日時　□月□□日　午前／午後　□時□分
一、面会時間　□□分間

この手紙を午前十一時に部長室の受信箱に入れておきました。午後二時に私のメール・ボックスをのぞきますと、私宛ての封筒が入っているではありませんか。部長は自分でその回答用紙に記入し、その日の午後、十分間会うことを伝えてくれたのです。私は部長に会い、しかも一時間以上相談に乗ってもらい、問題を解決することができました。

もし私がこのような演出を思いつかなかったら、おそらく、今もなお部長に会えないでいたに違いありません」

ジェイムズ・ボイントンは膨大な市場調査報告を提出しなければならなかった。彼の会社は、コールド・クリームのトップ・ブランドについて徹底的な調査を終えたばかりだったが、市場での競合状況について、依頼者は至急、資料がほしいと言ってきたのである。この依頼者は広告業界の大物で、しかも、なかなかのうるさ型だった。

ボイントンが最初に報告書を持参した時は、話をはじめる前から失敗だった。以下、ボイントンの話を紹介しよう。

「最初の時は、私の調査方法について無駄な議論をしてしまった。議論の末、ついに私は相手をやっつけて鬱憤《うっぷん》を晴らしたが、残念ながら時間切れとなって、結果を出せなかった。二度目に行った時は、私は数字の表や資料にこだわらず、調査した事実をドラマ的に演出してみせた。

彼の部屋に入っていくと、彼は忙しそうに電話をかけていた。その間に私は、スーツケースの中から三十二個のコールド・クリームの容器を取り出して、彼の机の上に並べた。

各容器には、調査結果を記入した札がつけてある。それぞれの札が、そのクリームの売れ行き状態を、簡明に、かつドラマ的に語るという趣向だ。

その効果は目覚ましかった。前回のような議論が起こる余地は全然なかった。彼は一つ一つその容器を取り上げて、それについた札を読んだ。彼と私の間には、打ち解けた会話が交わされ、彼はさらに質問をしてきた。よほど彼は興味を覚えたのだろう。十分の面談の約束が二十分になり、四十分、一時間になっても、私たちはまだ話し続けていた。

私は初回の時と同じ事実を提供したのだが、今回は、興行的な手法で演出効果を狙った点が違っていたのだ」

12 対抗意識を刺激する

チャールズ・シュワブが担当している中に、業績の上がらない工場があった。シュワブは、工場長を招いて尋ねた。

「君はなかなかのやり手だと思っているのだが、案外、成績が上がらないのは、どういうわけだろう」

「私にも、それがわからないのです。おどしたり、すかしたり、おだてたり、あらゆる手段を講じていますが、工員たちはさっぱり働いてくれないのです」

ちょうどその時、昼勤組と夜勤組の交替時間がきた。シュワブはチョークを手に取ると、昼勤組の工員をつかまえて尋ねた。

「君の組は、今日、何回鋳物を流したかね」

「六回です」

シュワブは何も言わずに、床の上に大きな字で〝六〟と書いて出ていってしまった。

夜勤組が入ってきて、この字を見つけ、その意味を昼勤組の工員に尋ねた。

「社長が工場へやってきて、このとおり〝六〟と書きつけていったんだ」

と、このとおり〝六〟と書きつけていったんだ」

シュワブは、翌朝またやってきた。夜勤組が〝六〟を消して、大きな字で〝七〟と書いてあった。

昼勤組が出勤してみると、床の上に〝七〟と大書してある。夜勤組のほうが成績を上げたことになる。昼勤組は対抗意識を燃え上がらせて頑張り、退勤時には〝十〟と書き残した。こうして、この工場の能率はぐんぐん上がっていった。

業績不良だったこの工場は、やがて他の工場を圧倒して生産性を上げるに至った。

これについて、シュワブ自身の言葉を紹介しよう。

「仕事には競争心が大切である。あくどい金儲けの競争ではなく、他人よりも優れたいという競争心を利用すべきである」

優位を占めたいという欲求、対抗意識、負けじ魂に訴えるのだ。

この負けじ魂が刺激されなかったなら、セオドア・ルーズヴェルトも大統領になっていなかっただろう。米西戦争から帰還すると、彼は直ちにニューヨーク州知事に選ばれた。ところが反対派は、ルーズヴェルトには法的に州の居住民としての資格がないと言い出した。これには彼も驚き、辞退したいと申し出た。すると、当時ニューヨーク州選出の上院議員だったトーマス・プラットが、彼をどなりつけた。

「君は、それでもサン・ジュアン・ヒル戦線の勇士か。臆病者」

ルーズヴェルトは踏みとどまって戦う決心をした。その後のことは歴史の示すとおりだ。ルーズヴェルトの負けじ魂を刺激したこの一言は、彼の生涯を変えたばかりでなく、アメリカの歴史にも重大な影響を与えたのである。

「人間である限り、誰にも恐怖心はある。だが、勇者は、恐怖心を抑えて前進し、時に死に至ることもあるが、必ず最後の勝利を勝ち取る」

これは古代ギリシア王の護衛兵のモットーである。恐怖心を克服する機会以上に、我々を奮い立たせるものが、この世にありうるだろうか。

アル・スミスがニューヨーク州の知事を務めていた時、悪名高いシン・シン刑務所の所長になり手がなくて困ったことがある。刑務所の内部が腐敗して大変な悪評が起こってきた。スミスはシン・シンを支配できる強力な人物がほしかった。人選の結果、ニューハンプトンのルイス・ローズに白羽の矢が立った。

ローズを呼び出して、スミスは「どうだね、君、シン・シンの面倒を見てくれないか。相当な経験のある人物でないと務まらないのだ」と快活に言った。

ローズは当惑した。シン・シンの所長になることは考えものだ。政治勢力の風向き次第でどうなるかわからない地位なのだ。所長はしょっちゅう代わっている。任期がわずか三か月という例もある。うっかり引き受けるのは、危険だとローズは考えた。

彼がためらっているのを見て、スミスは椅子にそり返って、微笑みながらこう言った。

「大変な仕事だから気が進まないのも無理はないと思うね。実際、大仕事だよ。よほどの人物でないと務まらないだろう」

相手に負けん気を起こさせたのだ。ローズは、よほどの人物でないと務まらない仕事を、やってみる気になった。

ローズは早速赴任して大いに頑張った。そしてのちには、名所長として彼の名を知らぬ者はいないほどになった。彼の著書『シン・シンの二万年』は数十万部売れた。ラジオ番組にも出た。彼の著書に書かれた刑務所生活は、たくさんの映画に着想を与えた。犯罪者を人間として扱う彼の姿勢は、刑務所に奇跡的な改革をもたらした。

タイヤやゴムの製造で知られるファイアストン社の創設者ハーヴェイ・ファイアストンはこう言う。

「給料さえ出せば人が集まり、人材が確保できるとは限らない。ゲームの精神を取り入れることが必要だ」

偉大な行動科学者フレデリック・ハーズバーグが、これに賛同している。ハーズバーグは、工場労働者から会社重役に至るあらゆる階層の人たち数千人の仕事に対する態度を研究した。仕事への意欲を最も強くかき立てる要件として、この行動科学者が発見したのは何であったか。お金、よい労働条件、諸手当、いずれも否である。最大の要件は、仕事そのものだったのである。仕事が面白ければ、誰でも仕事をしたがり、立派にやり遂げようと意欲を燃やす。

成功者は皆ゲームが好きだ。自己表現の機会が与えられるからだ。存分に腕をふるって相手に打ち勝つ機会、これが、いろいろな競争や競技を生み出す。優位を占めたい欲求、重要感を得たい願望、これを刺激するのだ。

人を説得する原則⓬

対抗意識を刺激する。

PART 3　まとめ

人を説得する原則❶　議論に勝つ唯一の方法として議論を避ける。

人を説得する原則❷　相手の意見に敬意を払い、誤りを指摘しない。

人を説得する原則❸　自分の誤りを直ちにきっぱりと認める。

人を説得する原則❹　穏やかに話す。

人を説得する原則❺　相手が即座に〝イエス〟と答える問題を選ぶ。

人を説得する原則❻　相手にしゃべらせる。

人を説得する原則❼　相手に思いつかせる。

人を説得する原則❽　人の身になる。

人を説得する原則❾　相手の考えや希望に対して同情を寄せる。

人を説得する原則❿　人の美しい心情に呼びかける。

人を説得する原則⓫　演出を考える。

人を説得する原則⓬　対抗意識を刺激する。

PART

4

人を変える九原則

1　まずほめる

理髪師はかみそりをあてる前に石鹸の泡を塗る。一八九六年、ウィリアム・マッキンリーが大統領選挙に立候補した際、この流儀をそっくり真似た。当時有名な共和党員が選挙演説の草稿を書いて、キケロやパトリック・ヘンリー、ダニエル・ウェブスターを一つにまとめたものよりも少し優れている名演説だと自負し、得意になってマッキンリーに読んで聞かせた。聞いてみると、よくできたところもあるが、全体としては使い物にならない。このままでは、非難の嵐が起こりかねない。マッキンリーとしては、この男の自尊心を傷つけたくないし、また、その熱意は尊重してやりたい。しかし、この演説に対しては〝ノー〟と言わなければならないのだ。マッキンリーはこの難事を、見事にやってのけた。

「とてもうまくできた。素晴らしい演説だ。立派なものだよ。これだけの演説の原稿が書ける者は、まずいないと思うね。適当な場合に用いれば、百パーセントの効果があるだろう。だが、今度の場合には、ちょっとまずいのではないかと思うのだが。もちろん君の立場からすれば、これほど立派なものはないのだろうが、私は党の立場から考えてみなくてはならないからね。どうだろう、私の主旨に沿って、もう一度書いてくれないか。出来上がったら届けてもらいたい」

相手は得心して、マッキンリーの言うとおりに書き直してきた。マッキンリーはその二度目の原稿の手入れを手伝った。以来、彼は選挙戦での有能な演説原稿作成者として大活躍をした。

我々は自分のよい点をほめられたあとなら、相手の苦言に耳を傾けるのはさほど難しくないものだ。

エイブラハム・リンカーンの手紙の中で、二番目に有名なのを紹介しよう（一番有名なのはビクスビー夫人宛てのもので、彼女の五人の息子たちの戦死を悼む手紙である）。リンカーンはこの手紙をたった五分で書いたものと思われるが、一九二六年の競売では一万二千ドルで落札された。リンカーンが五十年間、懸命に働いてためた金額よりも多い。

この書簡は、南北戦争で北軍が最も憂色に閉ざされていた頃、一八六三年四月二十六日に書かれたものである。北軍は作戦に齟齬《そご》を来して、十八か月間、負け続けていた。死傷者の数ばかり増え、国民は色を失った。脱走兵は数千にのぼり、共和党の上院議員さえリンカーンを退陣させようとした。リンカーンが「今や我々は破滅の淵に臨んでいる。神の助けも頼むに足らず、一条の希望の光さえ見出すことができない」と嘆いたどん底の時期に、これが書かれたのだ。

この手紙は、国家の命運が一将軍の肩にかかっている危急の時に、リンカーンがどのようにして、その頑固な将軍の考えを改めさせたか、その間の事情を示している。

この手紙は、彼が大統領就任以後に書いた手紙の中で、最も痛烈なものである。しかもなお、フッカー将軍の重大な過失を責める前に、彼をほめている点は見逃せない。

この過失は重大であった。だがリンカーンは、そういう言い方はしていない。できる限り慎重に、外交的にと心がけている。「貴官のやり方について、私には必ずしも満足とは思えない点が若干ある」と言うあたり、まったく物は言いようだ。

これが、ジョセフ・フッカー将軍に宛てた手紙である。

私は貴官をポトマック戦線の指揮官に任命しました。もちろん、私は確信を持って、それを決定しましたが、貴官のやり方について、私には必ずしも満足とは思えない点が若干あることも考えておいていただきたい。

私は貴官が勇猛な優れた軍人であることを固く信じています。もちろん私は、そういう軍人が好きです。貴官はまた、政治と軍事を混同しない人物だと確信します。それは正しいことです。貴官は絶大な自信を持っておられる。絶対に必要とは言えないまでも、大いに尊重すべきことだと思います。

貴官には野心的な意欲があります。度を越さなければ、大いに結構です。だが、貴官がバーンサイド将軍の指揮下にあった際、貴官は功をあせるあまり、命に背いて勝手な行動を起こし、国家と名誉ある将軍とに対して重大な過失を犯しました。

仄聞《そくぶん》するところによれば、貴官は政治並びに軍事において独裁者の必要を力説されているようですが、もちろん私はそれを承知の上で、貴官を指揮官に任命しました。しかし、それは決して貴官の意見に同意した結果ではありません。

独裁権を認めるには、それによって成功することが保証されていなければなりません。私が貴官に希望することは、まず軍事的に成功することであります。そのためには、独裁権を賭けてもよいと私は思っております。

今後とも、政府は全力を挙げて他の指揮官と同様に貴官を援助します。貴官の言動に影響されて軍隊内に上官を非難する風潮が起こり、やがては、それが貴官自身にも向かってくるのではないかと、私は恐れていますが、できる限り貴官を援助して、そのような事態の発生を防ぎたいと思います。

そういった風潮がはびこれば、貴官といえども、またたとえナポレオンといえども、優秀な軍隊をつくることは不可能でしょう。軽挙妄動を慎んで、活力と警戒心を持って前進し、勝利を得るよう全力を尽くしてください。

我々はクーリッジでも、マッキンリーでも、またリンカーンでもない。我々が知りたいのは、この方法が日常の仕事の上にどういう効果をもたらすかということだろう。では、フィラデルフィアのワーク建設会社のW・P・ゴウの例を挙げてみよう。

ワーク社ではある建築工事を請け負って、指定の期日までに完成しようと工事を急いでいた。万事うまく進んでいたが、竣工一歩手前で、突然、建物の外部装飾に用いる青銅細工の協力業者から、期日に納品ができないと通知してきた。大変だ。どれだけの損害をこうむるかわからない。たった一人の業者のために、工事全体がストップするのだ。

長距離電話をかけて激しい口論となったが、どうしてもらちがあかない。そこで、ゴウが事態打開の役目を仰せつかってニューヨークへ向かった。

ゴウは、その会社の社長室に入ると、まずこう言った。

「ブルックリンでは、あなたと同姓の方は一人もいませんね」

「そうでしたか、それは私も知りませんでした」

社長が驚いているのを見て、ゴウは説明しはじめた。

「今朝、こちらへ着くと、早速あなたの住所を調べるために電話帳を繰ってみたのです。ところが、ブルックリンの電話帳には、あなたと同姓の方が一人も見当たりません」

「そうでしたか。今まで少しも知りませんでした」

そう言って、社長は熱心に電話帳をのぞき込んだ。

「そう、珍しい姓ですから。私の祖先は二百年ほど前にオランダからこのニューヨークに渡ってきたのです」

彼は誇らしげに自分の家族や先祖のことを話し続けた。それが終わると、ゴウは相手の工場の規模や設備をほめた。

「まったく素晴らしい工場ですね。よく整頓されているし、青銅工場としては一流ですよ」

「私はこの事業に一生を賭けてきました。少しは自慢してよいと思います。どうです。工場を見学なさいませんか」

工場を見学しながら、ゴウはその施設や制度をほめ、他の業者には見られない優秀なものだと言った。彼が珍しい機械を見て感心すると、社長は、その機械は自分が発明したのだと得意になり、相当な時間をかけてこの機械を操作して見せた。昼食も一緒にしようと言って聞かない。その時まで、ゴウがまだ一言も用件に触れていないことに留意していただきたい。

昼食が済むと、社長はこう切り出した。

「さて、いよいよ商売の話に移りましょう。もちろん、あなたがいらっしゃった目的は充分承知しています。あなたとこんなに楽しい話をしようとは予想していませんでした。他の注文は遅らせても、あなたのほうはきっと間に合わせますから、安心してお帰りください」

ゴウのほうからは何も頼まないのに、目的は完全に達せられたのである。約束どおりに製品が到着して、建物は予定の期日に完成した。

もしゴウがありきたりの強硬策をとっていたとすれば、果たしてどういう結果になっただろうか。

もし新入社員の仕事のできがよくない時、多くの上司はまず仕事のできる別の社員を連れてくることを考えるものだ。しかし、ニュージャージー州フォート・モンマスにある連邦信用組合の支店長ドロシー・ルブレスキーは、経験の浅い出納係に見切りをつけようとはしなかった。

「私たちの支店で最近、出納係の見習いを一人採用しました。この娘の客扱いは非常によく、正確で早かった。ところが、閉店後の帳尻合わせが問題でした。

出納係長がやってきて、この娘は即刻首にすべきだというのです。『あの娘は帳尻合わせが遅くて、そのために全体の仕事が滞ってしまいます。いくら教えてやっても、飲み込めないのです。やめてもらうしかありません』と大変な剣幕です。

その翌日、私はこの娘の仕事ぶりを見ていましたが、通常の業務は早いし正確でした。それに客扱いが実によいのです。

帳尻合わせだけがなぜそんなに遅れるのか、その理由は、私には、すぐわかりました。閉店後、私は、彼女のそばへ行って、話してみることにしました。彼女はそわそわして、取り乱していました。私はまず、彼女の客に対する気持ちのよい応対ぶりをほめ、正確で早い客さばきに賛辞を伝えました。そのあと、私は彼女に『帳尻合わせの手順を一緒におさらいしてみましょうか』と言いました。すでに私が信用していることを知った彼女は、この申し出を素直に受け入れ、ほんのわずかの時間で、帳尻合わせの作業手順をマスターしました。この時以来、彼女にはまったく問題がありません」

このように、まず相手をほめておくのは、歯科医がまず局部麻酔をするのによく似ている。もちろん、あとでがりがりとやられるが、麻酔はその痛みを消してくれる。このように、リーダーは次の原則を使う。

人を変える原則❶

まずほめる。

2 遠まわしに注意を与える

チャールズ・シュワブがある日の正午に製鉄所を見まわっていると、数人の従業員が煙草を吸っているのに出くわした。彼らの頭上には〝禁煙〟の掲示が出ている。シュワブはその掲示を指さして「君たちは、あの字が読めないのか」と言っただろうか。シュワブはそんなことは絶対に言わない。その男たちのそばへ行って、一人一人に葉巻を与え、「さあ、皆で外へ出て吸ってきたまえ」と言った。もちろん彼らが禁を破って悪いと自覚しているのを、シュワブは見抜いていた。しかし、そのことには一言も触れないで、心尽くしの葉巻まで与え、顔を立ててやったのだから、彼らに心服されるのは当然の話である。

ジョン・ワナメーカーもこれと同じやり方をした。ワナメーカーは一日一度は、フィラデルフィアの彼の店を見まわることにしていたが、ある日、一人の顧客がカウンターの前で待たされているのを見つけた。誰もその婦人に気がつかない。店員は向こうの隅に集まって、何かしきりに笑い興じている。ワナメーカーは何も言わずに、そっと売り場の中に入って、注文を聞き、品物の包装を店員に頼んで、そのまま行ってしまった。

ワナメーカーは店員たちを口で批判するよりも、自分の望むことを行動で示したのだ。もちろん、直接的に相手に伝えなければならない時もある。自分の望むことを伝えるには、機転の利いた方法はあるが、意図を台なしにする言葉がある。それは〝しかし〟という言葉だ。この言葉は毒である。ほめ言葉を装って、相手に対する批判を巧妙に覆い隠す言葉だからだ。

「その服は素敵ですね。しかし、色があなたに合っていませんね」とか「最後の試験に見事合格しましたね。しかし、また落第したんですって」といった具合だ。〝しかし〟というほんの一言が、意味を大きく変えてしまうのだ。〝しかし〟という言葉が出てくると、それがどんなほめ言葉であれ、言った人間の本心が表われる前ぶれになってしまう。砂糖をまぶしたような甘い言葉は、最初は純粋なほめ言葉であっても、置きっぱなしにされた牛乳のように酸っぱいものになってしまうのだ。〝しかし〟という言葉はわざわいのもとであり、この言葉を受け取る相手はそのことを知っているのだ。

だから、〝しかし〟という言葉を使ってはならない。もっと誠実でよりよい方法を見つけるべきである。

名説教で知られたヘンリー・ウォード・ビーチャー師が死んだのは、一八八七年三月八日だった。その次の日曜日には、ビーチャー師の後任としてライマン・アボットが教会に招かれ、初の説教をすることになった。名説教師の後任とあって、彼は懸命になって説教の草稿を書き、細心の注意を払って推敲を重ねた。出来上がると、それを、まず妻に読んで聞かせた。だいたい原稿を読み上げるような演説は、たいてい面白くないものだが、これもその例に漏れなかった。ところが、彼の妻は賢明だった。

「面白くないわ。駄目ですよ。聞いている人が眠ってしまいますよ。まるで百科事典を読んでいるみたい。長年説教をやっていて、それくらいのこと、わかりそうなものよ。もっと人間らしく、自然にやれないものかしら。そんなものをお読みになると、恥をかきますよ」

こんなことは言わなかった。もし言ったとすれば大変だっただろう。

「『北米評論』にお出しになれば、きっとよい論文になるでしょう」

彼女は、ただそう言っただけだった。つまり、ほめると同時に、演説には向かないことを、遠まわしにほのめかしたのだ。彼にもその意味がわかった。苦心の草稿を破り捨て、メモすらも用いずに説教をした。

だから、他人の間違いを正す効果的な方法には、次の原則を用いるとよい。

人を変える原則❷

遠まわしに注意を与える。

3 自分の過ちを話す

私の姪ジョセフィーン・カーネギーは、私の秘書としてニューヨークへやってきた。その三年前に高校を卒業した十九歳の彼女には、勤めの経験は皆無に等しかった。今でこそ彼女はまれに見る優秀な秘書になったが、はじめの頃は、へまばかりやっていた。ある日のこと、私は彼女に小言を言おうとした。だが、思い直して自分にこう言い聞かせた。

「ちょっと待った。デール、お前はジョセフィーンより倍の年上ではないか。それに仕事の経験は彼女の一万倍も持っている。彼女にお前と同じ能力を期待するのがもともと無理だ。第一、お前は十九の時どんなことをやっていたか、思い出してみろ。へまばかりやっていたではないか」

正直に、そして公平に考えてみると、当時の私よりも彼女のほうが、野球で言えば打率が高いという結論に達した。私よりも打率が高いというのは、あまりほめたことにはならないのだが。

それ以後、彼女に小言を言う時は、次のようにやることにした。

「ジョセフィーン、これはいけないよ。しかし、まあ、私が今までにやった失敗にくらべると、これくらいは物の数ではないさ。はじめは間違うのが当たり前だよ。経験を積んではじめて間違いもなくなるのだ。私の若い頃にくらべれば、今のお前のほうがよほどましだ。私はずいぶんへまをやった覚えがあるから、お前に小言を言う気にはなれないが、どうだろう、こんなふうにしてみては……」

人に小言を言う場合、謙虚な態度で、自分は決して完全ではなく、失敗も多いがと前置きして、それから間違いを注意してやると、相手はそれほど不愉快な思いをせずに済むものだ。

高慢、尊大なドイツ帝国最後の皇帝ウィルヘルム二世のもとで、首相を務めていたベルンハルト・フォン・ビューローは、一九〇九年にこの方法の必要を身にしみて感じた。当時のウィルヘルム皇帝は、天下無敵の陸海軍を擁していた。

そのうちに大変な騒動が起こった。イギリス訪問中の皇帝が大変な暴言を吐いて、それをデイリー・テレグラフ紙に公表させたのだ。たちまちイギリス国中の憤激を買い、ドイツ本国の政治家たちも、皇帝のひとりよがりには啞然としてしまった。たとえば、彼はイギリスに好意を持つ唯一のドイツ人だとか、日本の脅威に対して大海軍を建設したとか、イギリスがロシアとフランスから攻撃を受けずに安心していられるのは、自分のおかげだなどと言い、また、ボーア戦争にイギリスのロバーツ卿が勝利を得たのも、やはり自分のおかげだとも言った。

ヨーロッパの皇帝がこのような信じがたい言葉を発するのは、この百年の平時の間、例がなかった。大陸中が蜂の巣をつついたような騒ぎになり、イギリスは激怒して、ドイツの政治家は仰天した。あまりの騒動に、さすがの皇帝もあわてふためき、フォン・ビューローに責任を転嫁しようとはかった。つまり、皇帝はフォン・ビューローの言うがままにしゃべったのだから、責任はフォン・ビューローにあると宣言しろというわけだ。

「陛下、私に陛下を動かしてあのようなことを言わせる力があると信じる人間は、イギリスにもドイツにも一人もいないと思いますが……」

フォン・ビューローはそう答えた瞬間、しまったと思った。皇帝が烈火のごとく怒り出した。

「お前はわしを馬鹿者扱いするのか。お前なら絶対にしない失敗を、わしがやったと言うのか」

フォン・ビューローは、責める前にほめなければならなかったと気がついたが、あとの祭りだ。彼は次善の策を講じた。責めたあとでほめたのである。これが、見事な奇跡を生んだ。

彼はうやうやしくこう言った。

「私は決してそんな意味で申し上げたのではございません。陛下はご賢明で、私ごときの者の遠く及ぶところではありません。陸海軍のことはもちろん、自然科学についてのご造詣の深さは、驚くほかございません。陛下はよく気圧計や無線電信、X線などの説明をしてくださいましたが、私はそのたびに賛嘆するのみでございました。私はその方面のことは、恥ずかしいほど何も知りません。単純な自然現象すら説明できないのです。ただ、歴史の知識を少々と、政治、特に外交に役立つ知識を多少持っているだけでございます」

皇帝の顔がほころびた。フォン・ビューローがほめたからだ。フォン・ビューローは皇帝を持ち上げて、自分をこきおろしたのだ。こうなると、皇帝は、どんなことでも許してくれる。

「いつもわしが言っているとおり、お互いに助け合ってうまくやろうではないか。しっかり手を握り合って進むのだ」

皇帝のご機嫌は、すっかり直ってしまった。

皇帝は、フォン・ビューローの手を何度も握り締めた。しまいには、熱を込めて「フォン・ビューローの悪口を言うやつは、ひどい目にあわせるぞ」とまで言った。

フォン・ビューローは危ないところを助かった。しかし、彼ほどの抜け目のない外交家も、やはり失敗したわけである。まず最初に、自分の短所と皇帝の長所とを述べなければならなかったのに、逆に皇帝を馬鹿者扱いにしたのだ。

この例を見ても明らかなように、謙遜と賞賛は、我々の日常の交際にも、大きな効果を発揮することができるはずだ。正しく応用すれば、人間に奇跡を生み出すこともできるだろう。

自分の過ちを認めることは、たとえその過ちを正さず、そのままにしておいても有効である。優れたリーダーは次の原則に従う。

人を変える原則❸

まず自分の過ちを話したあと相手に注意する。

4 命令をしない

私はかつて、アメリカで一流の伝記作家、アイダ・ターベルと食事をともにした。私が『人を動かす』を執筆中だと彼女に言うと、話題は人間関係の諸問題に移り、活発な意見が交換された。彼女は、ＲＣＡの創設者オーウェン・ヤングの伝記を書いている時、ヤングと三年間同じ事務所に勤めていたという男に会って、ヤングのことをいろいろ聞いたという。それによると、ヤングは誰に向かっても決して命令的なことは言わなかったそうだ。命令ではなく、暗示を与えるのだ。「あれをせよ」「そうしてはいけない」などとは決して言わなかった。「こう考えたらどうだろう」「これでうまくいくだろうか」などといった具合に相手の意見を求めた。手紙を口述して書かせたあと、彼は「これでどう思うかね」と尋ねていた。彼の部下が書いた手紙に目を通して「このところは、こういう言い方をすれば、もっとよくなるかもしれないが、どうだろう」と言うこともよくあった。彼はいつも自主的に仕事をやらせる機会を与えたのだ。決して命令はせず、自主的にやらせる。そして、失敗によって学ばせた。

こういうやり方をすると、相手は自分の過ちが直しやすくなる。また、相手の自尊心を傷つけず、重要感を与えてやることにもなり、反感の代わりに協力の気持ちを起こさせる。

押しつけがましい命令は、あとにしこりを残す。たとえそれが、明らかな誤りを正すためであってもである。ペンシルバニア州ワイオミングの職業訓練学校で教師をしているダン・サンタレリが、学生の違法駐車で学校の作業場の出入口がふさがれた時の様子を報告している。

同僚の教師がサンタレリ先生の教室へどなり込んだ。

「入口に置いてある車は誰のだ」

学生の一人が自分のだと答えると、金切り声を上げた。

「車をどけろ。今すぐにだ。ぐずぐずしてると車に鎖を巻いて引きずり出すぞ」

確かに悪いのはその学生だ。置いてはいけない場所に車を置いたのだ。しかしこの日から、当の学生が反発したばかりか、同じクラスの学生全員がことごとにその教師を困らせはじめ、学校勤めを不愉快きわまりないものにしてしまった。

この教師の場合、どう対処すればよかったのだろうか。車の持ち主のもとを訪ねて、もっと親しげにこう言えばよかったのだ。「いい車だね。でも、そのままにしておくとレッカー車に持っていかれてしまうよ。入口への通路を確保する必要があるので、駐車違反に注意をしはじめたんだよ」。この学生に車を移動するよう頼む必要はなかっただろう。学生は車を失い、レッカー代を支払うのを恐れて、大急ぎで車のところに駆けていっただろう。そして、この教師の適切な警告に感謝さえしたことであろう。

質問から話をはじめると、気持ちよく命令を受け入れられるだけでなく、相手に創造性を発揮させることもしばしばある。人は命令が出される過程に自ら参画していれば、その命令を受け入れやすくなるのだ。

南アフリカのヨハネスブルグに住むイアン・マクドナルドは、精密機械部品を専門に製作する小さな工場の総責任者だが、ある時、非常に大きな注文が取れそうだった。ところが、指定の期日までに納入する自信がなかった。工場ではすでに予定がぎっしり詰まっている。指定の納期は守れそうもない。この注文を引き受けるのは無理ではないかと思われた。

マクドナルドは、従業員に命令して突貫作業を強行するのではなく、まず全員にいきさつを説明する方法を選んだ。この注文が無事納入できたら、従業員にとっても、会社にとっても、はかり知れないほどの意義があることを話して聞かせたのである。話が終わると、次のような質問をした。

「この注文をさばく方法があるのか」

「この注文を引き受けて納期に間に合わせるには、どんなやり方があるか」

「作業時間や人員配置をどうすればよいか」

従業員は次々とアイディアを提供し、会社はこの注文を引き受けるべきだと主張した。こうして、従業員は自信のある積極的な姿勢でこの問題に臨み、会社は注文を引き受け、製作し、そして期限を守った。

有能なリーダーは次の原則を使う。

人を変える原則❹

命令をせず、意見を求める。

5
顔をつぶさない

数年前、ゼネラル・エレクトリック社は、チャールズ・スタインメッツを部長職から外すという微妙な問題にぶつかった。スタインメッツは電気にかけては一流の人物だが、計算機部門の部長としては不適任だった。会社としては彼の感情を害したくなかった。事実、彼は必要欠くべからざる人物だが、一面非常に神経質な男だった。そこで、会社は新しい職名を設けて彼をその職に任命した。〝ゼネラル・エレクトリック社顧問技師〟というのがその職名である。といっても、仕事は別に変わらない。そして、部長には、別な男をすえた。

スタインメッツも喜んだ。

重役たちも喜んだ。あれほどの気難し屋を、顔を立てることによって、無事に動かしえたのだ。

相手の顔を立てる。これは大切なことだ。しかも、その大切さを理解している人は果たして何人いるだろうか。自分の気持ちを通すために、他人の感情を踏みにじっていく。相手の自尊心などはまったく考えない。人前もかまわず、子供や従業員を叱り飛ばす。もう少し考えて、一言二言思いやりのある言葉をかけ、相手の心情を理解してやれば、そのほうが、はるかにうまくいくだろうに。

従業員たちを、どうしても解雇しなければならない不愉快な場合には、このことをよく考えていただきたい。

マーシャル・グレンジャーという公認会計士から私にきた手紙の一節を紹介しよう。

「従業員の解雇ということは、どう考えてみても愉快なことではない。解雇される身になれば、なおさらのことだろう。我々の仕事はシーズンによって左右されることが多く、毎年、三月になると、大量の解雇者を出す。

解雇する役は決して愉快なものではない。したがって、なるべく事を簡単に処理する習慣が、我々の間ではできている。通例、こんな具合にやる。『スミスさん、どうぞおかけください。ご承知のように、シーズンも終わりましたので、あなたの仕事もなくなりました。はじめから忙しい間だけお願いする約束でしたね』

相手は、これでかなりの打撃を受ける。突っぱなされたような気がするのだ。彼らの大部分は会計の仕事で一生を過ごす人たちだが、こんなにあっさり首を切る会社には、一片の愛情も感じない。

そこで私は、臨時雇いの人たちを解雇する際にはもう少し思いやりのある方法をとってみようと考えた。各人の成績をよく調べた上で私のところへ呼び、こう言った。『スミスさん、あなたのお仕事ぶりには、まったく感心しています（実際に彼がよく働いたとして）。ニューヨークへ出張していただいた時は、大変だったでしょう。しかし立派にやり遂げてくださったので、会社も鼻が高いわけです。あなたにはあんな実力があるのですから、どこへいらっしゃっても大丈夫でしょう。我々はあなたを信じていますし、また、できる限りのお力添えもしたいと思っています。どうぞこのことを忘れないでください』

その結果、相手は、解雇されたことをあまり苦にせず、明るい気持ちで去っていく。突っぱなされた気がしないのである。会社に仕事がありさえすれば、続いて雇ってくれたに違いないと思うからだ。会社が再度彼らを必要とした場合には、喜んで来てくれる」

ドワイト・モローは、激しく対立する両国間の紛争を和解させることに、類まれな能力を発揮した人物である。どのようにしたか。モローは、両者の主張する正義のどこが公正かを入念に分析し、賞賛し、強調し、そして注意深く明らかにしたのだ。

調停人なら誰でも知っていることだが、要はすべて人の面目を保つということなのである。たとえ自分が正しく、相手が絶対に間違っていても、その顔をつぶすことは、相手の自尊心を傷つけるだけに終わる。あの伝説的人物、フランス航空界の先駆者で作家のアントワーヌ・ド・サンテグジュペリは、次のように書いている。

「相手の自己評価を傷つけ、自己嫌悪におちいらせるようなことを言ったり、したりする権利は私にはない。大切なことは、相手を私がどう評価するかではなくて、相手が自分自身をどう評価するかである。相手の人間としての尊厳を傷つけることは犯罪なのだ」

真のリーダーは常に次の原則に従う。

人を変える原則❺

顔を立てる。

6 わずかなことでもほめる

ピート・バーローというサーカスの団長と、私は昔から親しくしていた。彼は犬や小馬を連れて、各地を巡業していた。私はピートが犬に芸を仕込むのを見て、大変面白いと思った。犬が少しでもうまくやると、なでてやったり、犬用ビスケットを与えたりして、大げさにほめてやる。

このやり方は、決して新しくない。動物の訓練には、昔からこの手を用いている。

我々は、このわかりきった方法を、なぜ人間に応用しないのだろうか。なぜ、鞭《むち》の代わりに骨付き肉を、批評の代わりに賞賛を用いないのだ。たとえ少しでも相手が進歩を示せば、心からほめようではないか。それに力を得て、相手はますます進歩向上するだろう。

心理学者のジュス・レアーは自伝の中で次のように書いている。

「ほめ言葉は、人間に降り注ぐ日光のようなものだ。それなしには、花開くことも成長することもできない。我々は、事あるごとに批判の冷たい風を人に吹きつけるが、ほめ言葉という温かい日光を人に注ごうとはなかなかしない」

私の過去にも、わずかなほめ言葉で私の人生がすっかり変わった経験がある。誰にでも、これと同じような経験があるのではないか。人間の歴史は、ほめ言葉のもたらす魔法の例に満ち満ちている。

たとえば、十九世紀のはじめ、ロンドンに作家志望の若者がいた。彼にとって有利と思えるような条件には何一つ恵まれていなかった。学校へは四年間しか通っていないし、父は借金のために刑務所入りをしている。三度の食事にも事欠くありさまだった。そのうち彼は仕事にありついた。ネズミの巣窟のような倉庫の中で、靴墨の容器にラベルを貼る仕事だ。夜は気味の悪い屋根裏で、二人の少年と一緒に眠った。その二人というのは、貧民街の浮浪児である。彼は自信がなかったので、誰にも笑われないように、人の寝静まった頃を見はからってそっとベッドを抜け出し、書き上げた小説の処女作を郵送した。次々と作品を送ってみたが、全部送り返されてくる。だが、とうとう記念すべき日がめぐってきた。ある作品が採用されたのだ。原稿料は一銭ももらえなかったが、編集者からほめられた。彼は認められたのである。彼は感激して、あふれる涙をぬぐいもせずに、街を歩きまわった。自分の作品が活字になって世に出たということが、彼の生涯に大変革をもたらした。もしそれがなかったら、彼は一生を穴倉の中で過ごしたかもしれない。

この少年の名は、チャールズ・ディケンズ。

昔、十歳くらいの少年が、ナポリのある工場で働いていた。彼は声楽家になりたかった。しかし、最初の教師は、「君には歌は向かない。まるで雨戸が風に吹かれているような声だ」と言って、彼を落胆させた。

だが、彼の母は、貧しい農民だったが、彼を抱いて優しく励ました。

「お前はきっと立派な声楽家になれるよ。母さんにはそれがちゃんとわかっている。その証拠に、お前はだんだんうまく歌えるようになってきた」

彼女は靴も履かずに働いてためた金で、息子に音楽の勉強をさせてやった。この母の賞賛と激励が、少年の生涯を一変させた。この少年が有名なエンリコ・カルーソーである。

もう一人の少年が、ロンドンのある生地店で働いていた。朝は五時に起き、掃除や使い走りに一日十四時間もこき使われた。この重労働に、彼は耐え切れない思いをしていた。それでも二年間辛抱したが、それ以上はどうしても我慢できなくなり、ある朝、朝食もとらずに店を抜け出し、家政婦として働いている母のもとへ、二十四キロの道を徒歩で帰っていった。

彼は狂ったように泣きながら、今の店で働くくらいなら死んだほうがましだと、母に訴えた。それから彼は、母校の校長先生に宛て、苦境を訴える長文の手紙を書き送った。校長先生からは、折り返し返事があった。君はとても頭脳明晰だとほめ、そういう重労働には向かないから、もっと知的な仕事をすべきだと言って、彼のために学校の教師の職を提供した。

この賞賛は、少年の将来を一変させ、英文学史上に不滅の功績を残させた。数え切れないほどのベストセラーを著し、百万ドル以上の富をペンから生み出したこの人は、H・G・ウェルズである。

批判を手控え、ほめ言葉を活用するというのは、B・F・スキナーの教育の基本的な考え方である。この偉大な心理学者は、人間や動物の実験によって、批判を控え、ほめるほうに力点を置けばよい行動が定着し、悪い行動は抑制されることを立証している。

カリフォルニア州ウッドランド・ヒルズのキース・ローパーは、これを自分の印刷会社で応用した。ある時、ローパーのところに刷り上がった印刷物がまわされてきたのを見ると、格段の出来ばえだった。印刷を担当したのは新入りの工員で、職場になじめず苦労していた男だった。上司はこの男の消極的な態度が気に入らず、本当に首にしようと考えていたのだった。

この状況を聞いたローパーは工場に出向き、この青年と直接話をした。自分の手元に届いた製品の仕上がりは、近頃にない出来ばえだと青年をほめ、そのよさを具体的に指摘した。こんな立派なものをつくれる青年は、この会社の誇りだとも言った。

ローパーの賞賛が、この青年の会社に対する態度を変えた。彼は、社長との会話を同僚に話し、よい仕事のわかる人がこの会社にもいるのだと皆に説明した。それからというもの、この青年は、忠実で、献身的な従業員になった。

この場合、ローパーは、お世辞で青年をおだてたのではなかった。製品のどこが優れているか、はっきりと説明したのである。そのために、ほめ言葉が、意味を持って相手の心に伝わったのだった。誰でもほめてもらうことはうれしい。だが、その言葉が具体性を持っていてはじめて誠意のこもった言葉、つまり、ただ相手を操るための口先だけのものでない言葉として、相手の気持ちをじかに揺さぶるのである。

我々には、他人から評価され、認められたい願望があり、そのためにはどんなことでもする。だが、心のこもらないうわべだけのお世辞には、反発を覚える。

重ねて言う。本書の原則は、それが心の底から出る場合に限って効果を上げる。小手先の社交術を説いているのではない。新しい人生のあり方を述べているのである。

人を変えようとして、相手の心の中に隠された宝物の存在に気づかせることができたら、単にその人を変えるだけでなく、別人を誕生させることすらできるのである。

これが、大げさだと思われるのだったら、アメリカが生んだ最も優れた心理学者であり哲学者でもあるウィリアム・ジェイムズの次の言葉に耳を傾けるとよい。

「我々の持つ可能性にくらべると、現実の我々は、まだその半分の完成度にも達していない。我々は、肉体的・精神的資質のごく一部分しか活用していないのだ。概して言えば、人間は、自分の限界よりも、ずっとせまい範囲内で生きているにすぎず、いろいろな能力を使いこなせないままに放置しているのである」

そう、これを読むあなたも、使いこなせず宝の持ち腐れになっている能力を種々備えているのだ。そして、あなたが最も活用できていないのは、人をほめることで本人の可能性に気づかせて励ます魔法の能力なのである。

批判によって人間の能力はしぼみ、励ましによって花開く。人々をより効果的に導くリーダーになるためには、次の原則を適用するとよい。

人を変える原則❻

わずかなことでも惜しみなく心からほめる。

7 期待をかける

古いことわざに、「犬を殺すには狂犬呼ばわりすればよい」というものがある。一度悪評が立ったら浮かばれないという意味だ。もし若者に〝問題児〟や〝不良〟というレッテルが貼られると、その若者は間違いなくそのようになる。いったいなぜそうなるのだろう。それは、人からそう非難され続けているし、失うものが何もないからである。

しかし、その代わりに、人が名誉挽回できる何かを時間をかけて見つけたとしたら、どうなるであろう。何か素晴らしいもの、優れたもの、育てられる何かを見出したとしたら。誰しも人から尊敬され、賞賛されるものを一つは持っているものだ。ならば、短所を見つけるのではなく、長所を伸ばす機会を与えようではないか。

ニューヨークのブルックリンで小学四年生を受け持つルース・ホプキンズ先生は、これを見事に実践した。学年の初日に担当クラスの出席簿を喜びと期待で見ていた。しかし、出席簿の学生の名前を見ていくと、その期待が不安で曇るのを感じた。クラスの中に、学校中で一番評判の悪い〝悪ガキ〟トミーが入っていたのだ。

三年生の時の担任は、同僚や校長をはじめ、相手さえ見ればトミーのことをこぼしていた。トミーはいたずらをするだけでなく、授業中に規律を乱し、他の生徒に喧嘩をしかけた。先生に対しては生意気で、時がたつにつれてますますひどくなるばかり。ところが、物覚えが早く、授業内容を楽々こなすという長所もあった。

ホプキンズ先生は、早急にトミーの問題を処理する決意を固めた。新学期の初日に教壇に立った先生は、生徒の一人一人に一言ずつ声をかけてまわった。「ローズ、素敵な服を着ているわね」「アリシア、あなたはとっても絵がうまいという評判よ」。トミーの番になると、先生はトミーの目をまともに見て言った。「トミー、君は生まれながらのリーダーなんだってね。先生は今年、このクラスを四年生の中で最高のクラスにしようと思っているの。それには、君が一番の頼りよ。頼むわね」

ホプキンズ先生は、最初の数日間、トミーの行動をいちいちほめ、確かにトミーは賢くて才能にあふれるよい子だと断言した。よい評価を与えられたトミーは、九歳の子供であっても、先生の期待を裏切るまいと努力した。そして事実、先生の期待にこたえた。

私はかつて、二十六のチェーン店を運営するエクスチェンジ・ビュッフェの幹部社員に話を聞いたことがある。五十年前に設立されたエクスチェンジ・ビュッフェは、自己申告制を導入したことでも有名で、客に勘定書を手渡さなかった。客は店を出る時に、自分が食べたり飲んだりしたものを告げてその料金を支払うのだ。

「誰も監視していないのですか」と私は驚いてこの幹部社員に聞いてみた。「もちろん、すべてのお客さまが正直だというわけではありません」

「でも、監視などはしません」と彼は答えた。「確かに、ごまかす人もいるかもしれませんし、それはわかりません。でもこのやり方はうまくいっています。そうでなければ半世紀もこの商売を続けていられませんよ」

エクスチェンジ・ビュッフェは、店の客はみな正直者だと信じていることを世に示したのである。金持ちも貧乏人も、物乞いでも盗人でさえも、誰もが自分を正直者と信用されたら、その評価にこたえようとするものだ。

優秀な従業員が粗雑な仕事をしはじめたら、どう対処すればよいか。もちろん解雇するのも一つの手だが、果たしてそれが最善の解決策であろうか。従業員を非難することもできるが、たいてい恨みを買うことになるだろう。インディアナ州ローウェルにある大手トラック販売店のサービス部長ヘンリー・ヘンケの例を紹介しよう。

ヘンケの下で働いている優秀な整備工の仕事ぶりが悪くなってきた。仕事はいい加減だし、納期も守らない。ヘンケはこの男をどなりつけたり、おどしたりする代わりに、自分の事務所に呼んで、腹を割って話し合った。

「ビル、君は優秀な整備工だ。経験も豊富だ。君の立派な仕事ぶりを、大勢のお客さんがほめている。だが最近、どうも仕事の能率が落ち、出来ばえも今までにくらべてもう一つのようだ。これまで君は人並み外れた腕の持ち主だった。それだけに近頃の君の仕事ぶりが私には不満だ。だからこうやって君と直接に話し合い、解決策を二人で考えたいのだ」

ビルは、自分の仕事ぶりが低下していることに気づいていなかったらしい。それで、今の仕事は、自分の能力の及ばないものでは決してないので、これからもっと努力すると約束した。

この約束を、ビルは、守った。彼は再び以前と変わらず速くて、しかも入念な仕事をする整備工になった。ヘンケがやったように、すでに確立された定評を努力目標として示した場合、部下としては、過去の仕事に匹敵する仕事をやって見せようと努力するのは当然であろう。

つまり、相手をある点について矯正したいと思えば、その点について彼はすでに人よりも長じていると言ってやることだ。「徳はなくても、徳あるごとくふるまえ」とはシェイクスピアの言葉だ。相手に美点を発揮させたければ、彼がその美点を備えていることにして、公然とそのように扱ってやるがよい。よい評判を立ててやると、その人間はあなたの期待を裏切らないように努めるだろう。

アイルランドのダブリンで歯科医を開業しているマーティン・フィッツヒュー医師は、ある朝、患者から口すすぎ用コップの金属製ホルダーが汚れていると言われ、愕然とした。患者は紙コップを使うので、ホルダーに直接口を触れるわけではないが、それにしても、器材が汚れているのは、医院として感心できることではない。
患者が帰ったあと、フィッツヒュー医師は自分の事務室でマーティン宛てのメモを書いた。マーティンは、週に二回、診療室に来る清掃人である。

マーティンさんへ
あなたに直接お話しするおりがあまりないので、診療室をいつもきれいに掃除してくださるお礼かたがた一筆したためます。
ところで、これまでの週に二回、一日二時間では時間が少なすぎませんか。コップの金属製ホルダーのように、時々手入れすればよい仕事に、時には三十分ほども余分に時間をかけたいと思われるようなことがありましたら、どうぞご自由に時間を延長してくださって結構です。もちろん、その分の給料は加算させてもらいます。

「その翌日、事務室に入ると、机は鏡のように磨き上げられ、おまけに椅子まで磨き込まれていて、危うく滑り落ちそうになった。次に診療室に入ると、目についたのは、見事に磨かれたコップの金属製ホルダーだった。私は、この清掃人に常日頃の仕事が立派だとほめ、その評価に背くまいとする気持ちを起こさせ、仕事に力を入れさせたのである」
恨みを買ったり、不快にさせることなく、相手の態度や行動を変えたい場合は、次の原則を使うことを覚えておいてほしい。

人を変える原則❼

期待をかける。

8 激励する

私の友人に四十歳の独身者がいた。その男が最近ある女性と婚約した。ところが、相手の女性は、彼にダンスを習えという。それについて、彼はこう話した。

「私は若い時にダンスを習って、そのまま二十年間同じ踊り方をしていたので、一度習い直しておく必要は、確かにあった。最初に訪ねた教師は、私のダンスはまったくなっていないと言った。たぶん本当のことを言ったのだろう。はじめからやり直さねば駄目だと言うのだが、私はすっかり嫌気がさして、その教師のところへ通うのをやめてしまった。

次の教師は、本当のことを言わなかったらしいが、そのほうが気に入った。私のダンスは少々時代遅れだが、基本がしっかりしているから、新しいステップも、わけなく覚えられるだろうというわけだ。はじめの教師は欠点を強調して、がっかりさせたが、この教師はその逆だった。長所をほめて、欠点のことはあまり言わない。天性のリズム感があり、素質もなかなかよいと言ってくれる。そう言われてみると、自分は下手だとわかっていながら、つい、そうでもなさそうな気がしてくる。もちろん授業料を払ってあるのだから、お世辞を言うくらいのことは不思議ではないが、そんなことを、私が考える必要はない。とにかく、ほめられたおかげで、私のダンスは、確かに上達した。教師の言葉で元気が出て、希望が湧いた。向上心が起きたのである」

子供や夫または妻、従業員を、才能がないとか間違っていると言ってののしるのは、向上心の芽を摘み取ってしまうことになる。その逆を行くのだ。大いに元気づけて、やりさえすれば容易にやれると思い込ませ、そして、相手の能力を信じていると知らせてやるのだ。そうすれば相手は、自分の優秀さを示そうと懸命に頑張る。

ローウェル・トーマスはこの方法を用いている。彼はこの道の達人だ。人を奮起させ、自信を与え、勇気と信念を植えつけるのが実にうまい。

たとえば、こういうことがあった。ある週末、私はトーマス夫妻とともに過ごした。その土曜日の夜、燃え盛る暖炉のそばでブリッジをしないかと、すすめられた。ブリッジなんて、とんでもない。ブリッジは、私にとっては、永遠の謎みたいなものだ。全然やれない。

「デール、ブリッジなんてわけはないのだよ。別に秘訣も何もない。ただ、記憶力と判断力だけの問題だ。君は記憶力について書物を著わしたことがあるではないか。君にはうってつけのゲームだよ」

気がついてみると、私は生まれてはじめて、ブリッジのテーブルに向かって座っていた。うまくおだてられて、わけなくやれそうな気がしたために、こういう結果になったのである。

ブリッジといえば、エリー・カルバートソンを思い出す。ブリッジをやるほどの者なら誰でも彼の名を知っているはずだ。彼の書いたブリッジに関する書物は各国語に翻訳され、すでに百万部は売れているという。彼も、ある若い女性から「あなたには、素晴らしいブリッジの素質がある」と言われなかったら、この道で飯を食べていくようなことにはならなかっただろう。

カルバートソンがアメリカへ来たのは一九二二年で、最初は哲学と社会学の教師になるつもりだったが、適当な勤め口がなかった。そこで彼は石炭の販売をやったが、失敗した。ついでコーヒーの販売をやったが、それもうまくいかない。

その当時の彼には、ブリッジの教師になろうなどという考えは、さらになかった。カード・ゲームは下手なばかりか、はたの者が迷惑する。はじめから終わりまで質問のしどおしだ。そして、勝負が終わると、ゲームの経過をうるさく検討するので、誰も彼とやるのを嫌がる始末だった。

ところが、ある日、彼はジョセフィーン・ディロンという美貌のブリッジ教師と知り合いになり、それが恋愛に発展して、ついに結婚した。彼女は、彼が綿密にカードを分析して考える様子を見て、彼にはカード・ゲームに対する天性の素質があるとほめた。カルバートソンがブリッジを職業とするようになったのは、彼女のこの激励の言葉だったという。

ちょっとした励ましが奇跡を起こすこともある。

オハイオ州シンシナティで私の講習会の講師をしているクラレンス・ジョーンズは、欠点は難なく克服できると激励して息子の人生を変えさせた。その体験を次のように語る。

「息子のデイヴィッドが十五歳の時、シンシナティに住む私と一緒に暮らすことになった。この子は荒《すさ》んだ生活を送っていた。十二年前に自動車事故で頭に大怪我をし、ひどい傷跡が額に残っている。たぶん、額の傷のためだろうが、学校当局はこの子が脳に障害があり、通常の能力がないと判断したらしい。デイヴィッドは同じ年齢の子供より二学年遅れて、中学一年生になったばかりだったが、掛け算の九九も覚えておらず、足し算には指を使い、字もろくに読めなかった。

ただ一つ、長所があった。ラジオや電気機器をいじるのが大好きで、修理工になりたがっていた。私はデイヴィッドを励まし、職業訓練を受けるには数学が必要だと話し、数学の勉強に手を貸すことにしたのである。まず、算数のカードを四組用意した。掛け算、割り算、足し算、そして引き算のカードだ。これに問題を書き込んで、次々と解いていった。答えの合ったものは、〝済み〟のケースに入れ、答えを間違えると、正しい答えを教えたのちに、そのカードを〝やり直し〟のケースに入れていく。こうして、カードが全部〝済み〟のケースに入ってしまうまで続けた。正しい答えが出るたびに、大げさに喜んで見せる。特に、はじめは答えられなかった問題を正しく答えた時は、大いにはやし立てた。これを毎晩繰り返して、〝やり直し〟のケースが空になるまで続け、ストップ・ウォッチを使って所要時間を計った。私は、カード全部に八分以内で正解が出せたら、毎晩やらなくてもよいことにすると約束した。デイヴィッドは、とうてい無理だと思ったらしいが、第一夜は五十二分、第二夜は四十八分、そのあと、四十五、四十四、四十一、そして四十分を割った。記録が更新されるたびに、デイヴィッドも私も大喜びだった。妻も呼んで、デイヴィッドを抱き締めたり、踊りまわったりした。一か月が終わる頃には、デイヴィッドは、八分以内にカード全部に正解が出せるようになった。記録が少しでも更新できると、彼はもう一回やりたがる。この子は、勉強が簡単で面白いものだという素晴らしい発見をしたのである。

当然、デイヴィッドの数学の成績は飛躍的に上がった。数学でBの成績をもらって帰った時は、デイヴィッド自身びっくりしていた。それ以外に、いろいろな変化が、次々と彼に起こった。〝読み方〟も急速に進歩し、絵の才能も発揮しはじめた。その学年のうちに、理科の先生から展覧会に出品するようにと言われた。それで彼は、てこの原理を説明するきわめて複雑な模型をつくることにした。それには、図面を描いたり模型をつくったりする技術の他に、応用数学の知識が必要だった。彼の作品は校内の理科祭で一等賞を取り、それがシンシナティ市主催のコンテストに出されて、三等賞の栄冠を勝ち取った。

これが、きっかけになった。二学年も遅れ、脳が損傷していると人に言われ、級友からは〝フランケンシュタイン〟とからかわれて、頭の傷から脳みそが流れ出したなどと冷やかされていた少年に、突如として、物事を覚えることも、やり遂げることもできる自信が生じたのである。その結果、中学二年生の最終学期から高校卒業まで、優等の成績を続け、高校では全国優等生協会のメンバーに選ばれた。勉強は簡単なものだとわかったとたんに、デイヴィッドの人生が変わったのである」

だから、もしあなたが不快感を与えたり怒らせることなく人を変えたいなら、あるいは人が向上するのを助けたいなら、次の原則を覚えておいてほしい。

人を変える原則❽

激励して、能力に自信を持たせる。

9 喜んで協力させる

一九一五年、ヨーロッパは第一次世界大戦の真っ最中で、人類史上かつてなかった規模の血なまぐさい殺戮《さつりく》を繰り返していた。アメリカもその惨状に慄然《りつぜん》とし、黙って見ているわけにはいかなくなった。果たして平和を回復することができるかどうか、誰にもわからなかったが、ウッドロー・ウィルソン大統領は、とにかく努力してみようと決心して、戦争当事国の指導者たちと協議するために、平和使節を派遣することにした。

平和主義を標榜する国務長官ウィリアム・ブライアンは、この役目を引き受けたがっていた。自分の名を不朽にする絶好の機会だと考えたのだ。だが、ウィルソンはブライアンではなく、親友のエドワード・ハウス大佐を任命した。それを引き受けたハウス大佐には、重大な問題が残された。ブライアンの感情を害さないように注意して、彼にこのことを打ち明けねばならないのだ。

当時の模様を、ハウス大佐は日記にこう書いている。

「ブライアンは私からその話を聞くと、明らかな失望の色を顔に浮かべた。彼は、自分が行くつもりだったのだと言った。そこで私は、大統領としては、今回の使節派遣を公式にやることは賢明な策ではないという意見を持っており、ブライアンが行くことになれば、世間の注目を引き、具合が悪いだろうと言った」

こういう言い方もあるのだ。つまり、ブライアンはあまりにも大人物すぎて、この任務には相応しくないというわけだ。これで、彼もすっかり満足した。

機転が利き、世の流儀を熟知するハウス大佐は、こちらの提案に〝喜んで協力させる〟という人間関係の重要な原則を守ったのだ。

ウィルソン大統領はウィリアム・マカドゥーを閣僚にすえる時にも、この方法を用いた。閣僚といえば、誰にとっても名誉な地位である。それを与えるのに、ウィルソンは相手の重要感を倍加させるようなやり方をした。マカドゥー自身の言葉を借りることにしよう。

「ウィルソンは今、組閣中だが、財務長官を引き受けてくれれば、まことにありがたいのだと、私に言った。実にうれしい物の言い方だった。この名誉な地位を引き受ければ、それで、私が恩を施したことになるような気がしたのだ」

だが、不幸にして、ウィルソンはいつもこのようなやり方をしていたわけではなかった。彼がこの方法を一貫して用いていたら、おそらく歴史も変わっていたに違いない。たとえば、国際連盟加入問題で、彼は上院と共和党の反感を買った。ウィルソンは、エリフ・ルートやチャールズ・

ヒューズ、ヘンリー・ロッジといった共和党の著名な指導者たちを、平和会議に同行させず、自分の党から無名の人物を連れていった。人間関係を考えないこのやり方は、彼自身を失脚させ、健康を害し、寿命を縮めて、アメリカを国際連盟不参加国とし、世界史の進路を変えてしまったのである。

この方法を用いるのは、政治家や外交官に限らない。世界有数の出版社であるダブルデイ・ページ社は、常に〝喜んで協力させる〟原則を守っていた。同社はこの原則を徹底することにかけては熟達しており、著名な短編小説家O・ヘンリーの作品でさえ出版を断ることができたのである。その断り方が非常に丁寧で感謝にあふれていたので、O・ヘンリーはダブルデイ・ページ社に断られた時は、別の出版社が引き受けた時よりも気分は爽快だったと語っている。

この技術は自然に身につくように見えるかもしれないが、その重要性がわかれば、誰でも会得できるのだ。他人があなたに協力することで、何かを手に入れる方法が見つかればよいのである。あなたに認められること、あなたからの感謝の言葉、協力したことへの報酬などである。

インディアナ州フォート・ウェインのデール・フェリエは、自分の小さな息子が言いつけられた仕事を進んで片づけるようになった経緯を、次のように報告している。

「息子のジェフに与えていた仕事は、洋ナシの落果を拾い集めることだった。これで、下草刈りをする時、手を止めて落果を拾う手間が省ける。ジェフはこの仕事を嫌がった。やらなかったり、やってもおざなりで、あとにいくつも落果が残っていることがよくあった。そこで私は、ジェフを真っ向から決めつけるのを避け、次のように話した。『ジェフ、お前と取引したいのだがどうだ、お前が拾った洋ナシを籠一杯につき一ドルで買ってあげよう。だが、あとでお父さんが見まわり、まだ洋ナシが落ちていたら、一個について一ドルずつ差し引くことにする。どうかね』。ジェフは落果を一つ残らず拾い集めたばかりか、うっかり目を離すと、まだ木についている実までもぎとって籠に入れるほど熱を入れたのである」

私の知人に、義理のある筋から講演を頼まれては、それをしょっちゅう断っている男がいる。ところが、彼の断り方が巧妙なので、断られたほうもたいして気を悪くしない。その断り方は、忙しいとか何だとか、こちらの都合を言うのではなく、まず、依頼されたことに対して心から感謝の意を表わし、残念だがどうしても都合がつかないと告げ、その代わりに、別な講演者を推薦する。つまり、相手に失望を感じる余裕を与えず、他の講演者のことを考えさせるのである。「私の友人で、ブルックリン・イーグル紙の編集者であるクリーブランド・ロジャーズに頼んでみたらどうだろう」「ガイ・ヒコックはどうだろう。海外特派員としてパリに十五年以上滞在していたから、きっと面白い話が聞けると思いますよ」といった具合だ。

私の講習会に参加したギュンター・シュミットは、自分の経営する食料品店で、陳列棚の商品に必ず正札をつける方針を徹底させた。正札がついていないための混乱が起こり、客からも苦情が出ていたのである。何度もこのことを係の店員に指摘し、注意を与えたが、あまり効き目はなかった。最後にシュミットは、この店員を自分の事務室へ呼んで言った。

「今日からあなたを当店全部の正札係の主任になってもらうことにしました。しっかり頼みますよ」

新しい責任と肩書きを与えられたこの店員の仕事ぶりはがらりと変わり、自分の任務を完全に遂行するようになったという。

これは、子供だましのような気がするかもしれない。だが、ナポレオンも同じようなことをやった。彼は、自分の制定したレジオン・ドヌール勲章を一万五千個もばらまいたり、十八人の大将に〝元帥〟の称号を与えたり、自分の軍隊のことを〝大陸軍〟と呼んだりした。歴戦の勇士を〝玩具〟でだましたと非難されると、彼は答えた。

「人間は玩具に支配される」

このナポレオンのやり方、すなわち、肩書きや権威を与える方法は、我々がやっても、効果がある。その例として、私の友人、ニューヨーク州スカースデールのアーネスト・ジェントの場合を紹介しよう。

彼女は、近所の悪童たちにひどく悩まされたことがあった。庭に侵入して、芝生を荒らすのだ。おどしたりすかしたりしてみたが、さっぱり効き目がない。そこで、彼女は、悪童の大将に肩書きを与えて、権威を持たせてやった。〝探偵〟という肩書きだ。そして、芝生への不法侵入者を取り締まる役を仰せつけた。この策は、見事に功を奏した。〝探偵〟は、裏庭でたき火をして鉄棒を真っ赤に焼き、それを振りかざして不法侵入者たちを追っぱらった。

これは人間の特性である。相手を変えたいのなら、次の原則を使えば相手はこちらの望みどおりに行動してくれる。

人を変える原則❾

喜んで協力させる。

PART 4　まとめ

人を変える原則❶　まずほめる。

人を変える原則❷　遠まわしに注意を与える。

人を変える原則❸　まず自分の過ちを話したあと相手に注意する。

人を変える原則❹　命令をせず、意見を求める。

人を変える原則❺　顔を立てる。

人を変える原則❻　わずかなことでも惜しみなく心からほめる。

人を変える原則❼　期待をかける。

人を変える原則❽　激励して、能力に自信を持たせる。

人を変える原則❾　喜んで協力させる。

付

幸福な家庭をつくる七原則

1

口やかましく言わない

ナポレオン三世の妃、マリア・ウジェニーは絶世の美人で、ナポレオン三世は、その美貌に魅せられて彼女を妃に迎えた。周囲の者は、たかがスペインの貧乏貴族の娘ではないかと反対したが、彼女の優雅さ、若さ、魅力、美しさに、すっかり心を奪われて、彼は反対の声に耳を貸さなかった。

ナポレオン三世夫妻は健康、富、権力、名誉、美、愛情など、ロマンスとして必要なすべての条件を兼ね備えていた。これほど熱烈な愛情に恵まれた結婚は、かつて例を見ないほどだった。

ところが、悲しいかな、いくばくもなくして、灼熱の愛情も輝きを失い、あとには、苦々しい後悔だけが残った。ナポレオンはウジェニーを妃にすることはできたが、全フランスの何者をもってしても、たとえ彼の愛情、皇帝の権力をもってしても、彼女の口やかましさを防ぐことはできなかった。

嫉妬と猜疑に取りつかれた彼女は、彼の言うことなど、てんで受けつけない。国政の重要会議の席に乗り込んできて邪魔をする。彼にねんごろな女性ができることを恐れて、片時も監視の目を離さない。

姉のもとに駆けつけて夫の悪口を言い、泣いたりわめいたりすることもたびたびあった。彼の書斎にいきなり踏み込んできて、口汚くののしるのはいつものことだった。

豪華な宮廷をいくつも持ちながら、彼には心の休まる場所はどこにもなかった。ウジェニーは、こんなに夫を口やかましく責め立てて、それでいったい、何を得ただろうか。世にもまれな愛情を窒息させ、自ら不幸を招いただけである。

レフ・トルストイ夫人は、臨終の枕辺に娘たちを招いて、次のような告白をした。

「お前たちのお父さまが亡くなったのは、私のせいでした」

娘たちは何も言わなかった。母の告白どおりだと思ったのである。母の絶え間ない不平、非難、口やかましさが、父を死に追いやったことを娘たちはよく知っていた。

トルストイ夫妻は、どう考えても、幸福でなければならないはずだった。夫は世界的な文豪で、『戦争と平和』や『アンナ・カレーニナ』は不朽の傑作である。

トルストイの名声を慕って集まってくる崇拝者たちは、夜となく昼となく彼につきまとい、彼の口から漏れる言葉は細大漏らさず筆記した。「さあ、もう寝よう」などというつまらない言葉まで書き取られる始末だ。

そのうえトルストイ夫妻は、富にも社会的地位にも、また子宝にも恵まれていた。これほど恵まれた結婚はそうざらにあるものではない。あまりの幸福さに、かえって不安になり、夫妻は、この幸福がいつまでも続くようにと神に祈った。

ところが、そのうちに意外なことが起こった。トルストイの態度が変わりはじめ、ついには別人のようになってしまったのである。それまでの著書を恥じるようになり、平和を願い、戦争と貧困を世の中から追放するための小冊子を、しきりに書きはじめた。

若い頃にはあらゆる罪悪の味を知り、殺人さえ犯したというトルストイが、キリストの教えを、文字どおりに守ろうとしはじめた。持っているだけの土地財産を全部人に与え、進んで貧しい生活に飛び込んだ。一日中、野良で働き、木を切ったり、草を刈ったりする。靴は手製のものを履き、自分の部屋は自分で掃除する。木の椀で食事をし、キリストの教えどおりに、敵を愛そうと努めた。

トルストイの生涯は悲劇だった。その原因は結婚だと言える。彼の妻は派手好きで、彼はそれを軽蔑していた。彼女は社会的な名声や賞賛を渇望していたが、彼にとって、そんなものは何の意味も持たない。夫人は富に憧れていた。だが彼は、富を罪悪視していた。

彼は著書の印税も受け取ろうとはしなかった。そのことで、夫人は怒ったり泣いたりわめいたり、何年間もしつこく彼を責め続けた。気に入らないことがあると、ヒステリーを起こし、死ぬと言っておどかす。

一九一〇年十月のある雪の夜、八十二歳のトルストイは、家庭の不和に耐えかね、あてどもなく家を出てしまった。十一日後、彼は、ある駅で息を引き取った。死に際の願いは、夫人を絶対に近づけてくれるなということであった。

これが、トルストイ夫人の口やかましさ、不平、ヒステリーから生まれた世にも悲惨な結末である。

彼女にしてみれば、不平を言うだけの理由は、充分にあったのだろう。だが問題は、その不平をぶちまけることによって、彼女はどれだけの利益を得たかということだ。事態はそのために、ますます悪化したのではなかったか。

エイブラハム・リンカーンの生涯を悲劇的にしたのも、やはり結婚であった。彼が暗殺されたことは、彼の結婚にくらべれば、悲劇と言うに足りない。リンカーン夫人は世にもまれな口やかましい女で、四分の一世紀の間、リンカーンを痛めつけ通したのだ。

彼女は年中、夫に不平や非難を浴びせた。彼女によるとリンカーンにはよいところが一つもない。猫背で歩き方もなっていない。耳の格好や顔の道具立ても気に入らない。

リンカーンと夫人とはあらゆる点で対照的だった。育ち、気質、趣味、考え方など、何一つ共通したものがない。

リンカーン研究の権威で上院議員のアルバート・ビヴァリッジは次のように言う。

「夫人のわめき声は通りの向こうまで聞こえ、絶え間なく近所中に響き渡っていた。乱暴を働くことも、しばしばあった」

リンカーン夫妻は新婚間もない頃、ジェイコブ・アーリー夫人の家に下宿していた。アーリー夫人はスプリングフィールドの医者の未亡人で、主人の死後、下宿屋をやっていた。

ある朝、リンカーン夫妻は食堂で朝食をとっていたが、リンカーン夫人がいきなり怒り出した。原因は今では誰にもわからないが、とにかく、彼女は腹立ちまぎれに、飲みかけの熱いコーヒーを夫の顔にぶっかけた。他の下宿人たちの面前でそれをやったのである。

アーリー夫人が駆けつけて、濡れタオルで彼の顔や服をふいている間、リンカーンは無言のまま、恥を忍んでいた。

リンカーン夫人の嫉妬心ほど馬鹿げた例は珍しい。そして彼女は、最後に発狂してしまった。発狂したくらいだから、もともと性格に病的なところがあったのだろうというのが、彼女に同情する唯一の根拠である。

ところで、このような小言や怒りがリンカーンを変えただろうか。変わったことは事実だ。彼女に対する態度が変わった。彼は不幸な結婚を後悔し、できるだけ彼女と顔を合わせないように努めた。

スプリングフィールドにはリンカーンを含めて十一人の弁護士がいた。彼らは、スプリングフィールドにじっとしていては商売にならないので、デイヴィッド・デイヴィス判事について各地の巡回法廷をめぐり、第八裁判区の各郡役所の所在地を順次に訪れた。

他の弁護士たちは、土曜日になると、いつもスプリングフィールドに帰って、家族と楽しい週末を過ごしたが、リンカーンは違っていた。家へ帰るのが恐ろしかったのだ。春の三か月と秋の三か月は巡回裁判に出たきり、スプリングフィールドには決して寄りつかなかった。

この状態が何年も続いた。田舎の木賃宿の生活はみじめだった。だが、それがどんなにみじめでも、家で夫人の小言を聞いたり、癇癪《かんしゃく》を起こされたりしているよりはましだった。

リンカーン夫人、ウジェニー皇后、トルストイ夫人らの口やかましい小言の結果は、彼女らの生涯に悲劇をもたらしただけだった。一番大切なものを全部破壊してしまったのだ。

ニューヨークの家庭裁判所に十一年間詰めていたベシー・ハンバーガーは、数千件の離婚訴訟を調べた結果、夫が家を出る主な原因は、妻が口やかましいからだと言っている。また、ボストン・ポスト紙はこう言う。

「世の妻たちは、口やかましい小言によって、結婚の墓穴を掘り続けている」

幸福な家庭をつくる原則❶

口やかましく言わない。

2 長所を認める

「私は一生のうちに馬鹿なことも大いにやるかもしれないが、恋愛結婚だけはしないつもりだ」

これは、ディズレーリの言葉である。

彼は、それを実行した。三十五歳まで独身を続け、ある金持ちの未亡人に求婚した。十五も年上の婦人で、五十年の歳月を経た頭髪は白くなっていた。むろん、恋愛ではない。彼が金を目当てに求婚しているのだということを、彼女はよく知っていた。そこで彼女は、条件を一つ持ち出した。彼の性格を知るために、一年間待ってくれというのだ。そして期限がくると、彼女は承諾した。

いかにも散文的で、勘定高い話だが、その結果は非常な成功で、この二人ほど幸福な結婚生活を楽しんだ夫婦は珍しい。

ディズレーリの選んだ金持ちの未亡人は、若くもなければ美人でもなく、また、頭がよいわけでもなかった。文学や歴史の知識もなく、吹き出したくなるような間違いを平気で口にした。たとえば、ギリシア時代とローマ時代とは、どちらが先だかわからない。服装や家具調度の好みにも、まるでセンスがない。だが、結婚生活における最も重要なものを持っていた。すなわち、男性操縦の術を心得ていたのだ。

彼女には、夫の知能に対抗するなどという考えは少しもなかった。才女たち相手の機知の応酬に疲れて帰ってきたディズレーリにとって、妻のとりとめもないおしゃべりは、このうえない慰めとなった。優しい妻の思いやりに包まれた家庭は、彼にとって何物にも代えがたい心の休息所だった。彼が人生の幸福を感じたのは、妻とともに過ごしている時だった。彼女は彼のよき協力者であり、心の友であり、また助言者でもあった。その日の出来事を早く彼女に話したいばかりに、彼は、いつも会議が終わるとすぐ家に飛んで帰った。彼女は、これが重要なことだが、夫の仕事に対して絶対の信頼を寄せていた。

彼女は三十年間、ディズレーリのためにのみ生きた。彼女の富も、彼のために費やすからこそ、値打ちがあると考えた。その代わり、彼女はディズレーリにとって、かけがえのない女性となった。彼女の死後、ディズレーリは伯爵になった。だが、それ以前に、自分が平民だった頃、彼はヴィクトリア女王に妻を貴族の列に加えるように具申し、一八六八年に彼女は貴族の列に加えられた。

彼女が人前でどんなへまをしでかしても、彼は決して彼女を責めたり、とがめたりしなかった。もし、誰かが彼女をからかったりしようものなら、彼は、むきになって彼女をかばった。

彼女は決して完全な妻ではなかったが、とにかく三十年間、飽きずに夫のことばかり話し、夫をほめ通した。その結果、「結婚して三十年になるが、私は、いまだに倦怠期というものを知らない」とディズレーリに言わせた。

ディズレーリも人前ではっきりと、妻は自分の命よりも大切だと言っていた。その結果、「夫が優しくしてくれるので、私の一生は幸せの連続です」と妻はいつも友達に語っていた。

二人の間では、こういう冗談がよく交わされていた。

「私がお前と一緒になったのは、結局、財産が目当てだったのだ」

「そう。でも、もう一度結婚をやり直すとしたら、今度は愛を目当てに、やはり私と結婚なさるでしょう」

ディズレーリは、それを認めていた。

確かに彼女は完全な妻ではなかった。だが、ディズレーリは、彼女の長所を充分に伸ばしてやるだけの賢明さを持っていたのである。

幸福な家庭をつくる原則❷　**長所を認める。**

3

あら探しをしない

ディズレーリの最も手ごわい政敵はグラッドストンであった。二人はことごとに対立して激しく衝突した。だが、彼らにはただ一つの共通点があった。円満な家庭に恵まれていたのだ。

ウィリアム・グラッドストンとその妻キャサリンは五十九年間、変わらぬ愛情を捧げ合って暮らした。いかめしい顔をしたイギリスの大宰相グラッドストンが、妻の手を取って、

「やくざな亭主にかしまし女房、手に手を取って、浮世の波も何のその」

と歌いながら、暖炉の前の敷物のまわりで踊っている姿を、私はよく思い浮かべることがある。

政敵には鬼のごとく恐れられていたグラッドストンも、一歩家庭に入ると、絶対に非難がましいことは言わなかった。朝食のために階下へおりてきた時、家の者がまだ眠っていると知ると、彼は、きわめて穏やかな抗議の仕方を用いた。大きな声で、奇妙な歌を歌うのである。イギリスで一番忙しい男が一人階下で朝食を待っていることが、それで家の者にわかった。家庭では彼はいっさいとがめ立てしないことに決めていたのである。

ロシア皇帝エカチェリーナ二世もそうだった。彼女は世界最大の帝国を支配し、数百万の国民の生殺与奪の権を握っていた。政治的には相当むごいこともやり、戦争を起こして無数の敵を殺戮した。だが、料理人が肉を焼きすぎた場合、一言の文句も言わずに笑ってそれを食べた。この点は世の夫はよく見習っていただきたい。

離婚問題研究の権威ドロシー・ディックスの語るところによると、世の中の結婚のうち、五十パーセント以上は失敗に終わっているそうだ。新婚の夢が破れ、離婚の憂き目を見る原因の一つは、あら探しをすることだという。

幸福な家庭をつくる原則❸

あら探しをしない。

4
ほめる

ロサンゼルスで家族関係研究所の所長をしているポール・ポピノー博士はこう言う。

「男性が妻を求める場合、たいていは優しい女性を選ぶ。あまり偉い女性は敬遠する。有能な女性重役も、一度ぐらいは昼食に誘われるかもしれないが、大学で学んだ〝現代哲学の主潮〟の講義を話題に持ち出したり、自分の勘定は自分が持つと言って聞かなかったりしかねない。その結果、彼女はもう二度と誘われなくなる。これに反して、大学を出ていないタイピストが昼食に誘われると、相手の男性に熱のこもったまなざしを向け、『もっとあなたのお話を聞かせてください』とせがむだろう。その結果、彼は彼女のことを、同僚に『別に美人というほどでもないが、とても話のうまい女性だ』と語ることになる」

男性は、自分を美しく見せようとする女性の努力を、賞賛すべきだ。女性は服装に対して驚くべき関心を持っている。このことについて、男性は無関心すぎる。たとえば、一組の男女が街角で別な一組に会ったとする。女性のほうは、めったに男性を見ない。相手の女性の服装を見る。

私の祖母は先年、九十八歳で亡くなった。死ぬ少し前、三十数年前に撮った彼女自身の写真を見せたが、彼女は目がかすんでいたので、よく見えなかった。それで、彼女は、「私は、どんな服を着てるの？」と尋ねた。齢百歳《よわい》になんなんとする老女が、三十年前の自分の服装のことを気にしているのだ。私は深い感銘をもって彼女の言葉を聞いた。

男性は、五年前に自分が着ていた服や下着のことを思い出すことができないし、また思い出そうともしない。しかし、女性は違う。男性は、よくこのことを理解すべきだ。フランスの上流社会では、男性は婦人の服装について一晩に何度もほめるものと、子供の頃から教えられている。まことに賢明な知恵である。

先日、ある雑誌に、エディー・カンターの話が出ていた。

「私が今日あるのは、まったく妻のおかげだ。私たちは幼なじみで、彼女は、私が脇道へそれないようにいつも心を配ってくれた。結婚後は貯蓄を心がけ、巧みに投資して、私のために財産をつくってくれた。かわいい五人の子供にも恵まれ、彼女の心尽くしで家の中はいつも温かくなごやかだ。今後とも、私が何かで成功するとすれば、それは皆、彼女のおかげだ」

ハリウッドでは、結婚は賭博に等しい。その危険率には、保険屋も尻込みするだろう。その中にあって、ウォーナー・バクスターの結婚だけは、珍しい成功を収めている。夫人は元女優のウィニフレッド・ブライソンだが、彼女は華やかな舞台生活に別れを告げて彼と結婚した。彼女の犠牲は大きかった。しかし、その犠牲は充分に報いられた。バクスターはこう語っている。

「彼女は、舞台で喝采を受ける機会を失った。だが、彼女は、いつも私の喝采を受けている。女性が夫によって幸福を与えられるとすれば、その幸福は、夫の賞賛と愛情以外のどこにもない。

そして、その賞賛と愛情が真実のものであれば、それによって夫の幸福もまた保証される」

幸福な家庭をつくる原則❹
ほめる。

5
ささやかな心尽くしを怠らない

大昔から、花は愛の言葉と考えられてきたが、それほど高価なものではない。ことに季節の花は安いものだ。街角でいくらでも売っている。それでいて、世の夫たちは、一束のスイセンも家へ持って帰ろうとしない。彼らは、花といえばランのように高価なものばかりだと思っているか、あるいはアルプスの高嶺の花エーデルワイスのように、容易なことでは手に入らない貴重品ばかりとでも思い込んでいるのだろう。

たかが数本の花を妻に贈るのに、彼女が入院するまで待つことはなかろう。明日は、帰りがけに、バラの二、三本も買ってみてはどうだろう。試しにやってみることだ。

ジョージ・コーアンはブロードウェイの人気者だったが、母が亡くなるまで、毎日二回ずつ電話をかけていた。よくも話の種が続いたものと思う人がいるかもしれないが、別にたいしたことを話したわけではない。要は、相手に、こちらの心遣いを知らせれば、それでよかったのだ。

女性は、誕生日や記念日を重視する。その理由は、これが、男性にはわからない。普通、男は、あまり多くの日付を覚えなくても、結構暮らしていける。だが、忘れてならない日も若干はある。たとえば、一四九二年（コロンブスのアメリカ大陸到達）と一七七六年（アメリカの独立宣言）、それに、妻の誕生日と自分たちの結婚記念日だ。はじめの二つは忘れても許せる。しかし、あとの二つは絶対に忘れてはならない。

四万件の離婚訴訟を扱い、二千組の調停に成功したシカゴのジョセフ・サバス判事は、こう言っている。

「家庭不和の原因の大部分は、きわめて些細なことである。夫が出勤する時に、妻が手を振って見送りさえすれば、離婚が回避できるような場合がいくらもある」

ともにイギリスの詩人であるロバート・ブラウニングとエリザベス・ブラウニングの結婚生活には牧歌的な美しさがあったといわれるが、夫はささやかな賛辞と心尽くしで、絶えず愛情を培っていた。病弱の妻が姉妹に出した手紙にこういう一節がある。

「近頃、私は、夫の言うように、本当に天使になったような気がしはじめました」

妻に対するささやかな心尽くしの価値を軽く見すぎている男性が、世の中には多すぎる。結婚の幸福は、些細な心尽くしの集積によって得られる。この事実に気づかない夫婦は、不幸な結婚生活を送らねばならないだろう。

有名なリノの町の離婚法廷は、週に六日間、開廷され、ここでは十分間に一件の割合で離婚裁決を下している。そのうち、絶対に離婚の必要があると思われる者はごく少数で、たいていは、ささやかな愛情を出し惜しんだことが、主な原因だ。

幸福な家庭をつくる原則❺

ささやかな心尽くしを怠らない。

6

礼儀を守る

ウォルター・ダムロッシュは、かつて大統領選挙に出馬したことのある雄弁家ジェイムズ・ブレインの娘と結婚した。何十年か前、二人はスコットランドのアンドリュー・カーネギーの家で知り合ったのだが、それ以来、人もうらやむ円満な家庭を二人で築いてきた。ダムロッシュ夫人にその秘訣を尋ねてみよう。

「相手の選択はもちろん大切ですが、その次に大切なことは、結婚後の礼儀です。若い人妻は、知らない人に対して礼儀正しくするように、夫にも礼儀を守るべきです。口やかましい女のそばからは、どんな男でも逃げ出します」

無作法は愛情を破壊する。それくらいのことは、誰でも知っているはずだが、とかく家の者に対しては、知らない人に対する場合よりも無作法にふるまう。

「やれやれ、またいつもの話か」

まさか、他人に向かってこんなことは誰も言わないだろう。友達からの手紙を黙って開封したり、彼らの秘密を詮索したりはしないだろう。ところが、一番近しい、そして大切な家族に対しては、些細なあらを探して失礼なことを平気で言う。

ドロシー・ディックスは、「我々に意地の悪い毒舌を浴びせるのは、決まって家族だというのは、実に驚くべきことである」と言っている。

礼儀は、いわば結婚生活の潤滑油である。

『朝の食卓の独裁者』の著者オリヴァー・ホームズは、家庭では決して独裁者ではなかった。彼はどんな不愉快な気分におちいっても、決してそれを家族に見せなかった。不愉快な気分は自分だけでたくさんだ。他の者まで不愉快になられては、たまったものでないというわけだ。

これがオリヴァー・ホームズの主義だった。我々はどうだろう。会社で仕事がうまくいかなかったとか、上司に叱られたとか、とにかく、そういった不愉快なことがあると、家に帰って家族に当たり散らす。

オランダでは、家に入る前に入口で靴を脱ぐ習慣がある。その日の仕事の悩みも、家に入る前に脱ぎ捨ててしまうことだ。

ウィリアム・ジェイムズの論文『人間の盲目性について』に、こういうことが書いてある。

「ここで述べる人間の盲目性とは、自分以外の動物や人間の感情に対する無感覚さで、我々は、すべてこの傾向を備えている」

顧客や同僚に対しては決して乱暴な口を利かない男も、平気で妻をどなりつける。だが、真の幸福を得るためには、仕事よりも結婚生活を、はるかに重視する必要があるのだ。

たとえ平凡でも、幸福な家庭生活を味わっている者のほうが、独身の天才よりも、数等幸せだ。

ロシアの文豪ツルゲーネフは言った。

「私のために夕食の支度をして待っていてくれる女性がどこかにいたら、私は才能のすべてを投げ捨てても悔いない」

円満な家庭というものは、世の家庭の何パーセントくらいあるのだろうか。ドロシー・ディックスは結婚の五十パーセント以上は失敗だと言っているが、ポール・ポピノー博士の説は違う。博士によると、「事業に成功する率は、結婚の成功率よりも低い。事業では七十パーセントが失敗するが、結婚では七十パーセントが成功する」そうだ。

ドロシー・ディックスは、結婚について次のような結論を出している。

「結婚という出来事にくらべると、出生は単なるエピソードにしかすぎないし、死もまた取るに足りない事件にすぎない。

男が仕事に注ぐだけの熱意を、なぜ家庭にも注げないのか、その理由が、女性にはわからない。百万の富をつくるよりも、優しい妻と平和で幸福な家庭を築くほうが、男にとっては、はるかに意義のあることだが、家庭円満のために真剣な努力を傾ける男は、百人に一人もいない。人生で最も重大なことを、成り行きにまかせている。妻に対しては、強圧的な態度をとるよりも、優しい態度を示すほうがよほど有効なのに、男はなぜ後者を選ばないのか、女には理解できない。

妻を思いのままに動かす術を、夫は皆、知っているはずだ。少しほめてやれば妻が満足することを、夫は承知している。古い服でも、それがよく似合うと言ってやれば、妻は最新流行の服をほしがらないことも知っている。妻の目にキスをしてやると、彼女の目は見えなくなり、唇にキスをしてやれば、物が言えなくなることも、夫は充分に心得ている。

夫はそれくらいのことは充分知っているだろうと、妻は思っている。彼女は自分を喜ばせる方法を夫に教えてあるはずだ。にもかかわらず夫はその方法を用いようとせず、彼女と争って大損害をこうむっても、お世辞を言うよりはましだとでも思っているらしい。これでは妻が腹を立てるのも当然だ」

幸福な家庭をつくる原則❻ 礼儀を守る。

7 正しい性の知識を持つ

社会衛生局長キャサリン・デイヴィスは、ある時、一千名の既婚婦人に、結婚生活についてのアンケートを求めた。その結果、性生活に不満を持つ者が意外に多いことがわかった。この調査に基づいて、彼女は、アメリカにおける離婚の大きな原因として性生活の不調和が挙げられると発表した。

G・V・ハミルトン博士の調査も、これを立証している。博士は男女各百人の結婚生活について、四年間研究を続けた。博士はこれらの人々と個別に面接し、約四百の項目にわたる質問を出して、彼らの結婚生活を徹底的に検討した。この調査は社会学的に重要な意義を持っているので、有力な慈善家の経済的援助を受けた。G・V・ハミルトン博士とケネス・マクゴーワン博士の共著『結婚における障害』が、その調査の結果である。ハミルトン博士は同書でこう述べている。「性的不調和は家庭不和の主な原因にはならないと一部の精神医学者が唱えているが、これは暴論である。性生活さえ順調であれば、たいていの場合、他の少々の摩擦は問題にならない」

ポール・ポピノー博士は家庭生活についての権威だが、彼の説によると、結婚の失敗は通常、四つの原因から起こる。彼はそれを次の順序で挙げる。

一、性生活の不調和
二、余暇の過ごし方についての意見の不一致
三、経済的な困難
四、心身の異常

性の問題が第一位を占めていることに注意されたい。金銭問題が第三位であることは、やや意外な感じがする。

離婚問題の権威たちは、口を揃えて、性生活の均衡を保つことは結婚生活には絶対に必要だという。シンシナティの家庭裁判所のホフマン判事は、数千件の離婚訴訟を処理してきた人だが、「離婚の原因は、十人中八、九まで、性的不満である」と言明している。

心理学者として有名なジョン・ワトソンも、「セックスが人生の最重要問題であることは明白だ。セックスは人生の幸福を左右する」と言う。

私の講習会に参加した多くの開業医たちも、これと同じ意見を持っている。教育文化の進んだ現代に、この自然の本能に対する無知によって、結婚生活が破壊され、人生航路に難破する者が続出することは、いかにも残念な話ではないか。

オリヴァー・バターフィールド神父は十八年の司祭生活をやめて、ニューヨークの家庭相談所の所長になった。彼ほど多くの結婚式に立ち会った人は少ないはずだが、こう言っている。

「私の経験によると、結婚式場の新郎新婦たちは、愛情と善意に燃えているが、結婚の意味を知

らない者が意外に多い。結婚における性生活の均衡は、非常に難しい問題であるにもかかわらず、たいていの場合、成り行きにまかされている。しかも、この国の離婚率が、現在の程度にとどまっているのは驚くに足る事実だ。多くの夫婦は、真の結婚生活を送っているのではなく、単に離婚しないでいるにすぎない。煉獄《れんごく》につながれているようなものだ。幸福な結婚は、成り行きまかせでは、とても望めない。賢明に慎重に計画されて、はじめてそれを築き上げることができる」

バターフィールド神父のもとで結婚式を挙げる新郎新婦は、彼とこの問題について率直に語り合わなければならないことになっていた。その結果、性的に無知な人間が非常に多いことが判明したのだという。彼はまたこう言う。

「結婚生活を幸福にする要素はいろいろあり、性の問題は、その一つにすぎない。だが、性の均衡が破れると、他の要素はいっさい無駄になる」

正しい性の知識を得るにはどうすればよいか。彼はこう答える。

「結婚生活の考え方と実際について、割り切った態度で、遠慮なく論議を重ねることだ。一番よいのは、性知識を正しく教える適当な書物を読むことだ」

幸福な家庭をつくる原則❼

正しい性の知識を持つ。

訳者あとがき

本書は、デール・カーネギー（Dale Carnegie）の『How to Win Friends and Influence People』を訳したものである。

巻頭のドナ・カーネギーの言葉にあるとおり、原著は、初版以降の時勢の変化を織り込んで、一九八一年の改訂を経て、二〇二二年に約四十年ぶりとなる改訂版が発行された。この二〇二二年改訂版を底本として改訳したのが、本書である。付録の「幸福な家庭をつくる七原則」は、初版では第六部（ＰＡＲＴ６）となっていたが、原著改訂版には収録されていない。人情の機微をうがったカーネギー独特の洞察に裏づけられた文章で、現在もなお、その意義は失われていないと思われ、本書には引き続き再録することとした。

原書は、一九三六年に初版が発行されて以来、世界各国語による訳書を含めると、三千万部以上が売れたという。この日本語版も、一九三七年に原著初版を翻訳出版して以来、累計発行部数は五百万部を数える。

このような驚異的な売れ行きは、とりもなおさず、本書が社会の切実な要請に多年にわたってこたえ続け、その評価が確立している証左であろう。人間関係の分野では、本書はまさに現代の古典とも呼ぶべき位置を占め、万人必読の書となっているのである。

原著者デール・カーネギーは、アメリカにおける成人教育、人間関係研究の先覚者で、デール・カーネギー研究所の所長として、話術並びに人間関係の新分野を開拓した。

彼は、アメリカ国内のみならず、ロンドン、パリなどヨーロッパの各地にも出張して講習会を開くかたわら、ウェスティングハウス社、ニューヨーク電話会社その他の大会社の顧問として、社員の教育に当たり、直接に彼の指導を受けた職業人は、二十数年間で一万五千人以上の数にのぼっていたという。そのうちには、社会の各方面で重要な地位を占める有名人も多数含まれている。

カーネギーは最初、このような指導を行なうにあたって、適当な教材の必要を感じ、手を尽くしてそれを探し出そうとした。ところが、驚いたことには、人間関係について実際に役立つ書物は一冊も出版されていない。やむをえず、彼は自分でそれを書く決心をした。そのため彼は、新聞、雑誌、裁判記録をはじめ、心理学書、哲学書、その他、人間関係の問題に関連のある書物を片っ端から調べ上げ、助手を使って、一年半にわたる資料集めを行なった。また、マルコーニ、フランクリン・ルーズヴェルト、クラーク・ゲイブルなど、各界の名士を大勢訪ねて、直接にその談話を集めることもやった。

この調査の結果、カーネギーは、人を動かす原則を打ち立て、それを印刷した小さなカードをつくって講習会の教材とした。ところが、講習会の回を重ねるごとに、このカードが増補されて、薄いパンフレットになり、そのパンフレットの頁数が次第に増えて、十五年後には、ついに一冊の本になった。それが『人を動かす』という書物である。

だから、本書は、一朝一夕に頭だけで書かれたものではない。十五年にわたるカーネギーの指導の現場から生まれてきたもので、著者の説は、すべて実験済みのものばかりなのである。

デール・カーネギーは、ミズーリ州の農家に生まれ、州立の学芸大学に学んだ。その頃、彼は異常な劣等感に悩まされており、それを克服するために弁論を研究した。大学卒業後、教師、セールスマン、食肉会社員、行商人など雑多な仕事を経験したが、一九一一年にはニューヨークに出て演劇研究所に入り、地方まわりの劇団に所属した。劇団の仕事もあまり長続きはせず、やがて彼はニューヨークに戻って、トラックのセールスマンをはじめた。そのうちに彼は、自分に最も適した仕事は、やはり大学時代に研究した弁論術だと気づき、ＹＭＣＡの話し方講座を担当することになった。はじめは一晩に二ドルの報酬しか得られなかったが、次第にこの講座の受講者が増えて、間もなく一晩の報酬が三十ドルとなった。ついに彼は、成人教育に自己の適性を見出したのである。

そこに至るまでの彼の放浪は、決して無駄ではなかった。世の辛酸をなめ尽くし、社会の表裏を知り尽くして、ついに彼は人間性の秘密を探り当てたのである。彼の成功はそこに基づいており、彼の説が我々を納得させるのもそれがためである。

昭和二十八年の夏、カーネギーは、世界周遊旅行の途中、関西を訪れ、京都を見物して香港に向かったが、その際、「日本で一番印象の深かったものは?」という質問に、「それは日本人です」と言い残して船に乗った。人間に対する彼の関心の深さを示す言葉と言えよう。

訳　者

索引

（※文献名には原題を併記。邦訳のあるものはその出版社名も付記した）

デール・カーネギー　Dale Carnegie

一八八八年、米国ミズーリ州の農家に生まれる。大学卒業後、雑誌記者、俳優、セールスパーソンなどさまざまな職業を経て、話し方講座を手はじめに成人教育の講師となり、人間関係の先覚者として名をなす。不朽の名著『人を動かす』『道は開ける』など多数の著作がある。

改訂協力　立花久稔

人《ひと》を動《うご》かす　改訂新装版《かいていしんそうばん》

二〇二三年　九　月一〇日　第一版第一刷発行
二〇二四年　五　月二〇日　第一版第二刷発行

著　者　D・カーネギー
訳　者　山口《やまぐち》　博《ひろし》
発行者　矢部敬一
発行所　株式会社　創元社
〈本　社〉〒五四一―〇〇四七
大阪市中央区淡路町四―三―六
電話　〇六―六二三一―九〇一〇㈹
〈東京支店〉〒一〇一―〇〇五一
東京都千代田区神田神保町一―二　田辺ビル
電話　〇三―六八一一―〇六六二㈹
〈ホームページ〉https://www.sogensha.co.jp/
印刷　太洋社

本書を無断で複写・複製することを禁じます。
乱丁・落丁本はお取り替えいたします。
定価はカバーに表示してあります。

©2023　Printed in Japan
ISBN978-4-422-10093-7 C0011

JCOPY 〈出版者著作権管理機構 委託出版物〉
本書の無断複製は著作権法上での例外を除き禁じられています。複製される場合は、そのつど事前に、出版者著作権管理機構（電話 03-5244-5088、FAX 03-5244-5089、e-mail: info@jcopy.or.jp）の許諾を得てください。

BOOKS FOR SELF-DISCIPLINE

人を動かす	D・カーネギー著／山口博訳
道は開ける	D・カーネギー著／香山晶訳
カーネギー話し方入門	D・カーネギー著／市野安雄訳
カーネギー名言集	ドロシー・カーネギー編／神島康訳
カーネギー人生論	D・カーネギー著／山口博・香山晶訳
リーダーになるために	D・カーネギー協会編／山本徳源訳
自己を伸ばす カーネギー・トレーニング	A・ペル著／香山晶訳
人を生かす組織	D・カーネギー協会編／原一男訳
セールス・アドバンテージ	D・カーネギー協会編／J・O・クロムほか著／山本望訳
D・カーネギー・トレーニング	パンポテンシア編
人を動かす2 デジタル時代の人間関係の原則	D・カーネギー協会編／片山陽子訳
D・カーネギーの対人力	D・カーネギー協会編／片山陽子訳
D・カーネギーの会話力	D・カーネギー協会編／片山陽子訳
D・カーネギーの成長力	D・カーネギー協会編／片山陽子訳
D・カーネギーの突破力	D・カーネギー協会編／片山陽子訳
D・カーネギーの指導力	D・カーネギー協会編／片山陽子訳
D・カーネギーの未来を拓く言葉	D・カーネギー協会編／片山陽子訳
マンガで読み解く **人を動かす**	D・カーネギー原作／歩川友紀脚本 青野渚・福丸サクヤ漫画
マンガで読み解く **道は開ける**	D・カーネギー原作／歩川友紀脚本 青野渚・たかうま創・永井博華漫画
マンガで読み解く **カーネギー話し方入門**	D・カーネギー原作／歩川友紀脚本 青野渚漫画
サバイバル！ **炎上アイドル三姉妹がゆく**	D・カーネギー協会原作／たかうま創漫画
私はやる 自分の中のありあまる富を発見する方法	B・スイートランド著／桑名一央訳
私はできる 決意の言葉で人生を変える方法	B・スイートランド著／桑名一央訳
人を惹きつける人間力 新しい人格を創る	B・コンクリン著／柳平彬訳